ENCUENTROS

¡Apúntate! 1

Método de español

Mi cuaderno de gramática

Grammatik zum Selberschreiben mit Lösungsheft

Cornelsen

¡Hola! Darf ich mich vorstellen? Ich bin Don Grama, der Experte für spanische Grammatik. Wir werden uns in diesem Heft auf jeder Seite begegnen. Ich bin nämlich dafür zuständig, dir das Lernen zu erleichtern. Doch bevor wir uns gemeinsam in die Arbeit stürzen, erkläre ich dir schnell, wie das Heft hier funktioniert.

Das Besondere an diesem Heft ist, dass es von dir geschrieben wird. Bis jetzt hat es noch eine ganze Menge Lücken – und die warten darauf, von dir ausgefüllt zu werden. Das ist aber gar nicht schwer, weil du den ganzen Grammatikstoff auch in deinem Lehrbuch **¡Apúntate! 1** findest. Das kannst du natürlich zu Hilfe nehmen.

Am Ende des Schuljahres hast du ein Nachschlagewerk, an dem du selbst mitgearbeitet hast. Wenn das Heft fertig ist, kannst du die Seiten einzeln heraustrennen und in deinen Grammatikordner einsortieren.

Die Grammatik ist in diesem Heft nach Themen geordnet. Im Inhaltsverzeichnis auf den Seiten 4 und 5 findest du die 18 Paragrafen mit ihren jeweiligen Kapiteln. Links neben den Kapiteln siehst du, in welcher Lektion von **¡Apúntate! 1** der Grammatikstoff behandelt wird. Immer, wenn du im Spanischen ein neues grammatisches Thema kennen gelernt hast, suche dir in diesem Heft das passende Kapitel heraus und schreibe es zu Ende.

12 DIE PRONOMEN

Wenn du dir einen Überblick über die Verteilung der Grammatik im Lehrbuch verschaffen willst, schaue im chronologischen Inhaltsverzeichnis auf S. 63 nach.

Wenn du ganz gezielt nach einem bestimmten Begriff suchst, dann schaue in den Index auf S. 62. Dort findest du eine Liste mit allen grammatischen Begriffen, die in **Mi cuaderno de gramática** verwendet werden.

Wenn ich eine Glühbirne hochhalte, steht an dieser Stelle ein Merksatz bzw. eine Regel.

Wenn ich die spanische und die deutsche Fahne schwenke, mache ich dich auf wichtige Unterschiede zwischen dem Spanischen und dem Deutschen aufmerksam.

In vielen Kapiteln findest du gezeichnete Sätze, in denen die einzelnen Wortarten von verschiedenen Figuren dargestellt werden. Sie helfen dir, grammatische Zusammenhänge besser zu verstehen. Schau sie dir deshalb in Ruhe an. Und versuche doch mal, sie abzuzeichnen!

Alles klar? Dann können wir ja loslegen. Viel Spaß beim Schreiben deiner ganz persönlichen Grammatik und – bis gleich! Und übrigens: Wenn du kontrollieren möchtest, ob du alles richtig gemacht hast, schaue im beigelegten Lösungsheft nach. Aber nicht abgucken!!

Lösungsheft

¡Apúntate! 1

Método de español

Mi cuaderno de gramática

Grammatik zum Selberschreiben

Cornelsen

1 DIE REGELMÄSSIGEN VERBEN | LOS VERBOS REGULARES

Ergänze die fehlenden Formen und markiere die Endungen farbig.

	yo charlo	yo estudio	yo trabajo
	charlo	estudio	trabajo

Die Grundform eines Verbes nennt man Infinitiv.

Ein Verb besteht aus zwei Teilen: Dem Wortstamm *(hier: habl-)* und der Endung *(hier: -ar)*.

Wenn das Verb konjugiert wird, passt sich die Endung dem Personalpronomen an *(hier: yo)*. Im Spanischen erkennt man nur an der Endung des konjugierten Verbes, welche Person gemeint ist.

Im Spanischen steht das konjugierte Verb häufig ohne Personalpronomen, da man bereits an der Endung erkennt, welche Person gemeint ist. Ein spanischer Satz kann deshalb bereits aus einem Wort bestehen.

Im Deutschen muss immer das Personalpronomen vor dem konjugierten Verb stehen. Ein deutscher Satz besteht deshalb immer aus mindestens zwei Wörtern.

SB 1 | U 1

Die Verben auf -ar | Los verbos en -ar

	HABLAR	CHARLAR	TRABAJAR
[yo]	HABL o	charlo	trabajo
[tú]	HABL as	charlas	trabajas
[él / ella]	HABL a	charla	trabaja
[nosotros / nosotras]	HABL amos	charlamos	trabajamos
[vosotros / vosotras]	HABL áis	charláis	trabajáis
[ellos / ellas]	HABL an	charlan	trabajan

*Du findest die Formen von **hablar** im Text „Los amigos de Esteban".* ▶▶ *SB 1, S. 13*

SB 1 | U 1

Die Betonung der Verben | La acentuación de los verbos

Sprich die Formen nach und achte auf die richtige Betonung.

charlo	**char**las	**char**la	char**la**mos	char**láis**	**char**lan
tra**ba**jo	tra**ba**jas	tra**ba**ja	traba**ja**mos	traba**jáis**	tra**ba**jan

Fast alle Verbformen werden auf der vorletzten Silbe betont.

Nur die 2. Person Plural wird auf der letzten Silbe betont.

Trainiere die richtige Betonung der Verben mit der folgenden Rhythmusübung.

SB 1 | U 2

Die Verben auf -er und -ir | Los verbos en -er e -ir

	APRENDER	COMER	VIVIR
[yo]	APREND o	COM o	VIV o
[tú]	APREND es	COM es	VIV es
[él / ella]	APREND e	COM e	VIV e
[nosotros / nosotras]	APREND emos	COM emos	VIV imos
[vosotros / vosotras]	APREND éis	COM éis	VIV ís
[ellos / ellas]	APREND en	COM en	VIV en

Du findest die fehlenden Verbformen im Text „En el barrio San Blas". ▶▶ *SB 1, S. 23*

Ergänze die Tabelle und markiere die Endungen, die in zwei – oder sogar in allen drei – Konjugationen identisch sind.

[yo]	hablo	leo	escribo
[tú]	hablas	lees	escribes
[él / ella]	habla	lee	escribe
[nosotros / nosotras]	hablamos	leemos	escribimos
[vosotros / vosotras]	habláis	leéis	escribís
[ellos / ellas]	hablan	leen	escriben

Die Verben auf **-er** und **-ir** werden ähnlich konjugiert und unterscheiden sich nur in der 2. und 3. Person Plural.

Bei allen regelmäßigen Verben auf **-ar**, **-er** und **-ir** ist die Endung der 1. Person Singular gleich und lautet -o.

2 DIE VERBEN SER UND ESTAR | LOS VERBOS SER Y ESTAR

SB 1 | U 1

Das unregelmäßige Verb ser | El verbo irregular ser

Die fehlenden Formen von ser findest du im Text „Los amigos de Esteban". ▶▶ SB 1, S. 13

[yo]	soy
[tú]	eres
[él / ella]	es
[nosotros / nosotras]	somos
[vosotros / vosotras]	sois
[ellos / ellas]	son

Schau dir in der Tabelle unten an, wann du das Verb ser verwenden kannst. Ordne dann die folgenden fünf Sätze den beiden Überschriften zu.

1. Ellos son de Costa Rica.
2. Clara es la hermana de Esteban.
3. Sarah es de Hamburgo.
4. Javi y Sarah son amigos.
5. Somos hermanos.

ser + Nomen	ser + de + Ortsangabe
2. Clara es la hermana de Esteban.	1. Ellos son de Costa Rica.
4. Javi y Sarah son amigos.	3. Sarah es de Hamburgo.
5. Somos hermanos.	

Ser + Nomen verwendet man zur Identifizierung von Personen oder Sachen.

Ser + de + Ortsangabe verwendet man zur Angabe der Herkunft einer Person oder Sache.

SB 1 | U 3

Das unregelmäßige Verb estar | El verbo irregular estar

[yo]	estoy
[tú]	estás
[él / ella]	está
[nosotros / nosotras]	estamos
[vosotros / vosotras]	estáis
[ellos / ellas]	están

Im Text „Elena y sus cosas" findest du alle Formen von ***estar.***
▶▶ SB 1, S. 33

Es gibt im Spanischen noch ein zweites Verb für „sein": **estar**.

SB 1 | U 3

Die Anwendung von ser und estar | El uso de ser y estar

Ordne die Sätze den Bildern in der Tabelle zu. Ergänze dann in der Kopfzeile der Tabelle ser bzw. estar.

1. Es la panadería López.
2. La Explanada de España está en Alicante.
3. Ahora Sarah está en Alicante.
4. Es la Explanada de España.
5. La panadería López está en el Barrio San Blas.
6. Sarah es de Hamburgo.

ser		estar	
1. Es la panadería López.			5. La panadería López está en el Barrio San Blas.
4. Es la Explanada de España.		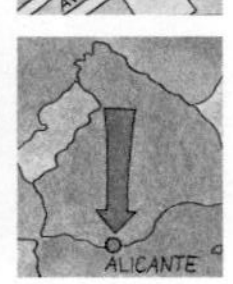	2. La Explanada de España está en Alicante.
6. Sarah es de Hamburgo.			3. Ahora Sarah está en Alicante.

Ser gebraucht man, wenn man eine Person oder Sache beschreibt oder den Herkunftsort einer Person angibt.

Estar gebraucht man, wenn man sagen will, wo sich ein Ort oder eine Sache befinden oder wo sich eine Person gerade aufhält.

SB 1 | U 8

Estar + Adjektiv | El verbo estar + adjetivo

Vervollständige die Sätze mit einer konjugierten Form von estar.

1. Hoy José está muy cansado.

2. José está nervioso porque no tiene los deberes.

3. Hoy Maite está sola porque su amiga Eva no está en el cole.

4. Maite está harta de Mates.

5. Diego y Raúl están muy atentos en clase.

6. Diego y Raúl están contentos.

Das Verb **estar** wird dann verwendet, wenn das Adjektiv einen Zustand beschreibt, der sich verändern kann.

SB 1 | U 8

Die Verben ser und estar + Adjektiv | Los verbos ser y estar + adjetivo

Ergänze mit je einer Form von ser oder estar:

Elena está contenta porque va a su curso de baile.

Elena es tranquila.

Javi es bueno en el colegio.

▶

Du findest die Sätze im Text „Así son los chicos". ▸▸ SB 1, S. 89

Javi está nervioso porque hoy tiene un examen.

Sarah está harta de Geografía.

Sarah es muy parlanchina.

Übertrage die Sätze in die Tabelle.

ser	estar
Elena es tranquila.	Elena está contenta porque va a su curso de baile.
Javi es bueno en el colegio.	Javi está nervioso porque hoy tiene un examen.
Sarah es muy parlanchina.	Sarah está harta de Geografía.

Wenn man Eigenschaften von Personen beschreibt, steht das Adjektiv mit ser.

Wenn man vorübergehende Zustände beschreibt, steht das Adjektiv mit estar.

Vervollständige die Sätze und fasse noch einmal zusammen, was du bisher über den Gebrauch von ser und estar gelernt hast.

Son las doce y media.

María es una chica española.

Esteban es de Costa Rica.

Sarah y Esteban son chicos simpáticos.

Alicante está en Espana.

Javi está en el colegio.

Hoy, Elena está muy cansada.

Die Uhrzeit, Angaben zur Beschreibung von Personen und Dingen, die Herkunft einer Person sowie Adjektive, die unveränderliche Eigenschaften beschreiben,

stehen mit ser.

Angaben über die Lage eines Ortes und den Aufenthaltsort einer Person sowie Adjektive, die vorübergehende Zustände beschreiben, stehen mit

estar.

3 DIE UNREGELMÄSSIGEN VERBEN | LOS VERBOS IRREGULARES

SB 1 | U 2 Das Verb ver | El verbo ver

Überprüfe, ob du die richtigen Formen eingetragen hast. ▸▸ SB 1, S. 28

[yo]	veo
[tú]	ves
[él / ella]	ve
[nosotros / nosotras]	vemos
[vosotros / vosotras]	veis
[ellos / ellas]	ven

Bei der 1. Person Singular tritt zwischen den Verbstamm „v" und die Endung „o" ein -e-.

Die 2. Person Plural von **ver** hat keinen Akzent.

SB 1 | U 4 Das Verb tener | El verbo tener

Markiere farbig, welche Verbformen du dir besonders merken musst.

Du findest alle Formen von **tener** im Text „Un regalo para Javi". ▸▸ SB 1, S. 44/45

[yo]	tengo
[tú]	tienes
[él / ella]	tiene
[nosotros / nosotras]	tenemos
[vosotros / vosotras]	tenéis
[ellos / ellas]	tienen

SB 1 | U 7 Das Verb ir | El verbo ir

[yo]	voy
[tú]	vas
[él / ella]	va
[nosotros / nosotras]	vamos
[vosotros / vosotras]	vais
[ellos / ellas]	van

Du findest die fehlenden Formen von ir im Text „¿Vamos a la playa?" ▶▶ SB 1, S. 79

SB 1 | U 9 Das Verb decir | El verbo decir

[yo]	digo
[tú]	dices
[él / ella]	dice
[nosotros / nosotras]	decimos
[vosotros / vosotras]	decís
[ellos / ellas]	dicen

Im Text „La falda verde" findest du die fehlenden Formen von decir. ▶▶ SB 1, S. 99

SB 1 | U 11 Das Verb venir | El verbo venir

[yo]	vengo
[tú]	vienes
[él / ella]	viene
[nosotros / nosotras]	venimos
[vosotros / vosotras]	venís
[ellos / ellas]	vienen

Du findest die restlichen Formen von venir im Text „Saludos desde ..." ▶▶ SB 1, S. 125

4 DIE GRUPPENVERBEN | LOS GRUPOS DE VERBOS

SB 1 | U 5 Diphthongverben e → ie | Los verbos con diptongo e → ie

Ergänze zuerst die fehlenden Formen des Verbs querer. Bilde nach diesem Muster auch die Formen von preferir. Markiere die betonten Silben farbig.

	querer	preferir
[yo]	quiero	prefiero
[tú]	quieres	prefieres
[él / ella]	quiere	prefiere
[nosotros / nosotras]	queremos	preferimos
[vosotros / vosotras]	queréis	preferís
[ellos / ellas]	quieren	prefieren

Im Text „En la fiesta" findest du alle Formen von querer. ▶▶ SB 1, S. 55

Wenn der Stammvokal betont wird, wird **-e-** zu **-ie-**.

SB 1 | U 6 Diphthongverben o → ue | Los verbos con diptongo o → ue

Ergänze zuerst die fehlenden Formen des Verbs poder. Bilde nach diesem Muster auch die Formen von encontrar. Markiere die betonten Silben farbig.

	poder	encontrar
[yo]	puedo	encuentro
[tú]	puedes	encuentras
[él / ella]	puede	encuentra
[nosotros / nosotras]	podemos	encontramos
[vosotros / vosotras]	podéis	encontráis
[ellos / ellas]	pueden	encuentran

Die fehlenden Formen von poder findest du im Text „¿Puedo tener un perro?" ▶▶ SB 1, S. 67

Die Verben mit Stammvokalwechsel von **-o-** zu **-ue-** werden ähnlich konjugiert wie die Verben mit Stammvokalwechsel von -e- zu -ie-.

SB 1 | U 11 Das Verb jugar | El verbo jugar

Konjugiere das Verb jugar.

[yo]	juego
[tú]	juegas
[él / ella]	juega
[nosotros / nosotras]	jugamos
[vosotros / vosotras]	jugáis
[ellos / ellas]	juegan

Im SB, S. 120 findest du die Imperativform im Singular **¡Juega!**. Davon kannst du ableiten, wie **jugar** konjugiert wird. Wenn du unsicher bist, schau dir in diesem Heft noch mal die Konjugation von **poder** und **encontrar** auf S. 15, § 4 an. Ähnlich funktioniert auch das Verb jugar.

Lies dir den ersten Satz genau durch und ergänze dann die restlichen Sätze.

Oscar juega al fútbol.

Maite y sus amigos juegan al voleibol.

A Raúl le gusta jugar al baloncesto.

Lola y Andrés juegan al tenis de mesa.

In Verbindung mit Sportarten oder Spielen folgt auf **jugar** die Präposition a.

Übersetze die spanischen Sätze ins Deutsche und unterstreiche alle Verben.

A Paquito le gusta jugar en la playa. Paquito spielt gern am Strand.

Tomás juega al voleibol. Tomás spielt Volleyball.

María toca la guitarra. María spielt Gitarre.

Im Spanischen gibt es zwei Wörter für „spielen". In Verbindung mit Instrumenten verwendet man das Verb tocar, in Verbindung mit Sportarten oder Spielen verwendet man jugar.

5 VERBEN MIT UNREGELMÄSSIGER 1. PERSON PRÄSENS | LOS VERBOS CON LA PRIMERA PERSONA IRREGULAR EN PRESENTE

SB 1 | U 6 Die Verben salir und saber | Los verbos salir y saber

Konjugiere und markiere die unregelmäßigen Formen farbig.

	salir	saber
[yo]	salgo	sé
[tú]	sales	sabes
[él / ella]	sale	sabe
[nosotros / nosotras]	salimos	sabemos
[vosotros / vosotras]	salís	sabéis
[ellos / ellas]	salen	saben

Die unregelmäßigen Formen von ***salir*** *und* ***saber*** *findest du im Text „¿Puedo tener un perro?"* ►► *SB 1, S. 67*

Bei den Verben **salir** und **saber** musst du nur die 1. Person Singular auswendig lernen.

SB 1 | U 7 Das Verb hacer | El verbo hacer

[yo]	hago
[tú]	haces
[él / ella]	hace
[nosotros / nosotras]	hacemos
[vosotros / vosotras]	hacéis
[ellos / ellas]	hacen

Du findest die fehlenden Formen von ***hacer*** *im Text „¿Vamos a la playa?"* ►► *SB 1, S. 79*

Auch beim Verb **hacer** musst du nur die 1. Person auswendig lernen!

Welche Kombinationen sind möglich?

tener	chatear
ser	comer
vivir	escribir
leer	estar
tomar	tocar
escuchar	contar
preparar	llegar
jugar	pensar
saber	volver
salir	ir
pasar	

en una ciudad	una hamburguesa
la guitarra	música
hambre	un e-mail a un amigo
ganas de dormir	un vaso de agua
de Alicante	cansado/-a
una historia	en el examen de Mates
bueno/-a en Mates	a pasear
doce años	harto/-a
una piñata	al colegio
un helado	por la heladería
una revista	de moda
por Internet	frío
razón	prisa
leer	de acuerdo
a casa	al fútbol
en Alicante	sed

Du hast in ¡**Apúntate! 1** *eine ganze Menge Verben gelernt. Hier kannst du einige wichtige wiederholen.*

tener ganas de dormir, tener hambre, tener doce años, tener razón, tener sed, tener frío, tener prisa, ser de Alicante, ser bueno/-a en Mates, vivir en una ciudad, vivir en Alicante, leer una historia, leer una revista, tomar un helado, tomar un vaso de agua, escuchar música, preparar una piñata, preparar una hamburguesa, jugar al fútbol, saber leer, volver a casa, volver al colegio, ir a casa, ir al colegio, chatear por internet, comer una hamburguesa, escribir un e-mail a un amigo, estar cansado/-a, estar en Alicante, estar en el examen de Mates, cansado/-a, harto/-a, estar de acuerdo, estar de moda, tocar la guitarra, contar una historia, llegar a casa, llegar al colegio, llegar en Alicante, pensar en el examen de Mates, salir a pasear, pasar por la heladería

6 DER IMPERATIV | EL IMPERATIVO

SB 1 | U 5 Der Imperativ | El imperativo

Ergänze die fehlenden Formen und markiere die Endungen farbig.

Infinitiv	Imperativ Singular (tú)	Imperativ Plural (vosotros)	
Verben auf -ar			
	¡toma!	¡tomad!	
	¡entra!	¡entrad!	
Verben auf -er			
	¡come!	¡comed!	
	¡bebe!	¡bebed!	
Verben auf -ir			
	¡escribe!	¡escribid!	
	¡vive!	¡vivid!	

Der regelmäßige Imperativ im Singular entspricht der 3. Person Singular.

Die Endungen für den Imperativ im Plural lauten für die Verben auf **-ar** -ad, für die Verben auf **-er** -ed und für die Verben auf **-ir** -id.

Von welchen Verben stammen diese Formen? Ergänze die regelmäßigen Pluralformen und die Infinitive.

Infinitiv	Imperativ Singular	Imperativ Plural
tener	¡ten!	¡tened !
salir	¡sal!	¡salid !

Im Text „En la fiesta" (▶▶ SB, S. 55) findest du den Befehl „¡Ten cuidado!" und im Text „¿Puedo tener un perro?" (▶▶ SB, S. 67) „¡Sal de aquí!"

SB1|U6
Der Imperativ der Diphthongverben | El imperativo de los verbos con diptongo

Infinitiv	Imperativ Singular	Imperativ Plural
	¡piensa !	¡pensad !
	¡vuelve !	¡volved !
	¡encuentra !	¡encontrad !

7 DIE MODALVERBEN | LOS VERBOS MODALES

SB1|U6
Saber, poder, querer und tener que | saber, poder, querer y tener que

Übertrage die Sätze in die Tabelle.

1. No sé hacer la comida.

2. Pero tengo que comer.

3. Puedo ir a la hamburguesería.

4. Quiero comer una hamburguesa.

	konjugiertes Modalverb	Infinitiv	
1. No	sé	hacer	la comida.
2. Pero	tengo que	comer.	
3.	Puedo	ir	a la hamburguesería.
4.	Quiero	comer	una hamburguesa.

Mit Modalverben drückt man aus, was man kann, muss oder möchte.

Das Modalverb wird immer konjugiert.

Das Hauptverb, das folgt, steht immer im Infinitiv.

Im Deutschen ist nur die Wortstellung anders. Unterstreiche sowohl in den spanischen als auch in den deutschen Sätzen die konjugierten Verben rot und die Infinitive grün.

1. Quiero aprender español. — Ich will Spanisch lernen.
2. Max no puede ir al colegio hoy. — Max kann heute nicht zur Schule gehen.
3. Tenéis que hacer los deberes. — Ihr müsst die Hausaufgaben machen.

SB1|U6 ## Die Modalverben saber und poder | Los verbos modales saber y poder

Ordne die Sätze den Bildern zu.

1. Ana sabe tocar la guitarra.
2. Hoy, Ana no puede tocar la guitarra.
3. Paquito todavía no sabe hablar.
4. Elena no puede hablar.
5. Bello no sabe jugar al fútbol.
6. Javi no puede jugar al fútbol.
7. Susanita no sabe tomar un helado.
8. Eva no puede tomar un helado.

Anders als im Deutschen gibt es im Spanischen zwei Verben für „können": **poder** und **saber**.

saber			poder
Ana sabe tocar la guitarra.			Hoy, Ana no puede tocar la guitarra.
Paquito todavía no sabe hablar.			Elena no puede hablar.
Bello no sabe jugar al fútbol.			Javi no puede jugar al fútbol.
Susanita no sabe tomar un helado.			Eva no puede tomar un helado.

1. Das Verb poder drückt eine Möglichkeit aus. Man verwendet es, wenn jemand etwas nicht tun kann, weil er daran gehindert wird.
2. Das Verb saber verwendet man, wenn jemand eine bestimmte Fähigkeit besitzt, die er erlernen musste, z. B. sprechen, lesen, ein Instrument spielen, eine Sportart ausüben usw.

8 DIE VERBEN VOM TYP „GUSTAR" | LOS VERBOS DEL TIPO «GUSTAR»

SB1|U9 ## Das Verb gustar | El verbo gustar

Schau dir das Satzbild genau an und ergänze dann in den anderen Sätzen die richtige Form von gustar. Markiere das Subjekt und die Endung von gustar farbig.

Singular	Plural
1. Me gusta la película.	Me gustan las películas.
2. ¿Te gusta mi libro?	¿Te gustan mis libros?
3. No le gusta la camiseta.	No le gustan las camisetas.

Das Verb **gustar** tritt meistens nur in zwei Formen auf: in der 3. Person Singular und in der 3. Person Plural. Die Endung von **gustar** richtet sich nach dem Subjekt.

1. Me gusta jugar al fútbol.
2. ¿Te gusta salir con el perro?
3. Le gusta escuchar música.
4. No le gusta bailar.

Folgt nach **gustar** ein Verb im Infinitiv, steht **gustar** immer in der 3. Person Singular.

Welcher der beiden deutschen Sätze funktioniert wie der spanische Satz?

„Me gustan los zapatos."

*Du kannst **gustar** mit „mögen" und „gefallen" übersetzen.*

1. Ich mag die Schuhe.
2. Mir gefallen die Schuhe.

Gustar funktioniert wie das deutsche Verb gefallen ____________.

Schau dir das Satzbild an und ergänze die Sätze mit den passenden Objektpronomen.

1. A mí me ____________ gusta pasear mi tortuga.
2. ¿A ti te ____________ gusta bailar?
3. A Elena le ____________ gusta el color verde.

Wenn **a** + Dativobjekt am Satzanfang stehen, muss das Objekt als Objektpronomen noch mal wiederholt werden.

Im Text „La falda verde"(SB1, S. 99) findest du auch die Formulierung „A Elena le gusta ...". Das ist doch doppelt gemoppelt, oder? Im Spanischen nicht. Man kann also sagen „A Sarah le gusta bailar" oder einfach nur „Le gusta bailar" (wenn man bereits weiß, dass von Sarah die Rede ist). Das musst du noch nicht lernen, sondern nur verstehen.

SB 1 | U 10 Das unmittelbare Futur | El futuro inmediato

Ergänze die fehlenden Formen und markiere farbig, welche Satzglieder das Futur ausdrücken.

[yo]	Voy	a	**bailar**.
[tú]	¿No vas	a	**ir** al colegio?
Él	va	a	**tocar** la guitarra en la fiesta.
Ella	va	a	**estudiar**.
[nosotros / nosotras]	Vamos	a	**ir** al mercado.
[vosotros / vosotras]	¿Vais	a	**hacer** una fiesta?
Ellos	van	a	**preparar** un pastel.

Das **futuro inmediato** wird folgendermaßen gebildet:

konjugierte Form von ir ______ + a ______ + Infinitiv ______ des Vollverbs.

Wenn der Satz verneint wird, steht **no** vor der konjugierten Form von ir ______.

SB 1 | U 11 Das Perfekt | El pretérito perfecto

1. Hasta ahora la semana **ha sido** fenomenal, pero hoy sólo* es miércoles.
2. Hoy **hemos jugado** al fútbol y ahora tenemos hambre.
3. Esta mañana **he tomado** un chocolate.
4. ¿Ya **has visto** una película española?
5. Todavía no **he ido** a Costa Rica.

* sólo erst

Das Perfekt wird im Spanischen verwendet, um über einen Zeitraum zu sprechen, der noch nicht zu Ende ist. Nach den folgenden Ausdrücken verwendet man immer das Perfekt.

hasta ahora ____________ **bis jetzt** hoy ____________ **heute**

esta mañana / tarde / noche ____________
heute Morgen / heute Nachmittag / heute Abend

ya ____________ **schon** todavía no ____________ **noch nicht**

	haber	Partizip	
Esta mañana	he	tenido	clases.
¿Hoy no	has	hablado	español?
Hasta ahora la semana	ha	sido	fenomenal.
Esta semana	hemos	pasado	un día en las montañas.
¿Qué	habéis	hecho	estos días sin mí?
Las clases ya	han	empezado	.

Du findest die vollständigen Sätze im Text „Saludos desde …“
▶▶ SB 1, S. 125

So wird das Perfekt gebildet: konjugierte Form von

haber + Partizip des Vollverbs.

Bei der Verneinung steht **no** vor haber.

Wie werden die Partizipien der regelmäßigen Verben gebildet?

-ar		-er		-ir	
pasar	pasado	tener	tenido	subir	subido
empezar	empezado	ser	sido	salir	salido
hablar	hablado				

So werden die Partizipien der regelmäßigen Verben gebildet:

Partizip der Verben auf **-ar**: Wortstamm + -ado

Partizip der Verben auf **-er** und **-ir**: Wortstamm + -ido

Unregelmäßige Partizipien:

Du findest die unregelmäßigen Partizipien im Text „Saludos desde …“
▶▶ SB 1, S. 125

abrir	abierto	hacer	hecho
decir	dicho	ir	ido
escribir	escrito	ver	visto

10 DAS „GERUNDIO“ | EL GERUNDIO

SB 1 | U 11 Die Verlaufsform | estar + gerundio

Ergänze in der rechten Spalte die Verlaufsform.

Tim **habla** español.

Tim está hablando con su amigo de Madrid.

Los lunes, Nadia **juega** al balonmano.

Nadia está jugando al balonmano.

En Costa Rica, siempre **llueve** en agosto.

Mira, ¡está lloviendo!

Mit **estar** + **gerundio** bringt man zum Ausdruck, dass man gerade dabei ist, etwas zu tun.

Vergleiche den englischen und den spanischen Satz.
Wie sagst du das Gleiche auf Deutsch?

The teacher **is talking**. El profesor **está hablando**.

Der Lehrer spricht gerade.

Markiere die Endungen der Infinitive und des gerundio farbig.

	estar	+ gerundio	
[yo]	*estoy*	*empezando*	(empezar)
[tú]	*estás*	*jugando*	(jugar)
[él / ella]	*está*	*comiendo*	(comer)
[nosotros / nosotras]	*estamos*	*bebiendo*	(beber)
[vosotros / vosotras]	*estáis*	*escribiendo*	(escribir)
[ellos / ellas]	*están*	*saliendo*	(salir)

So wird die Verlaufsform gebildet:

konjugierte Form des Hilfsverbs *estar* + *gerundio* des Vollverbs.

Zur Bildung des **gerundio** wird an den Stamm des Vollverbs eine Endung angehängt:

- bei den Verben auf **-ar** die Endung *-ando*.
- bei den Verben auf **-er** und **-ir** die Endung *-iendo*.

Die **gerundio**-Formen sind unveränderlich.

Unregelmäßige Gerundio-Formen:

leer → leyendo

decir → diciendo

11 DAS NOMEN UND SEINE BEGLEITER | EL SUSTANTIVO Y SUS DETERMINANTES

SB 1 | U 1

Das Nomen | El sustantivo

Finde weitere Beispiele.

Männliche Nomen (Singular) ♂		**Weibliche Nomen (Singular) ♀**	
mit Endung auf -o oder einem anderen Vokal	mit Endung auf einem Konsonanten	mit Endung auf -a oder einem anderen Vokal	mit Endung auf einem Konsonanten
			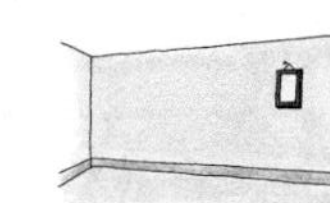
cuaderno	*profesor*	*goma*	*pared*
libro	*hotel*	*mochila*	
estuche	*examen*	*pluma*	

Im Spanischen kann man das Geschlecht sehr häufig an der Endung erkennen.

Nomen auf *- o* sind meistens männlich (maskulin),

Nomen auf *- a* meistens weiblich (feminin).

Setze die Wörter aus dem Singular in den Plural.

Männliche Nomen (Plural) ♂		**Weibliche Nomen (Plural) ♀**	
mit Endung auf -o oder einem anderen Vokal	mit Endung auf einem Konsonanten	mit Endung auf -a oder einem anderen Vokal	mit Endung auf einem Konsonanten
		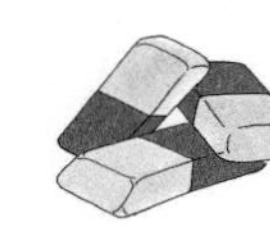	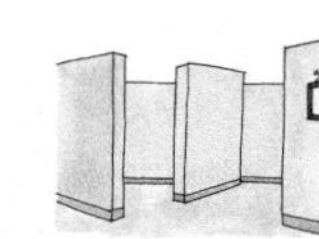
cuadernos	*profesores*	*gomas*	*paredes*
libros	*hoteles*	*mochilas*	
estuches	*exámenes*	*plumas*	

Bei Nomen, die auf einem Vokal enden – also auf **a**, **e**, **i**, **o** oder **u** – wird im Plural ein *-s* angehängt, bei allen übrigen *-es*.

SB 1 | U 1 ## Der bestimmte Artikel | El artículo determinado

Schau dir die Abbildung an und ergänze dann das Schema mit je zwei Nomen deiner Wahl und dem jeweils passenden Artikel.

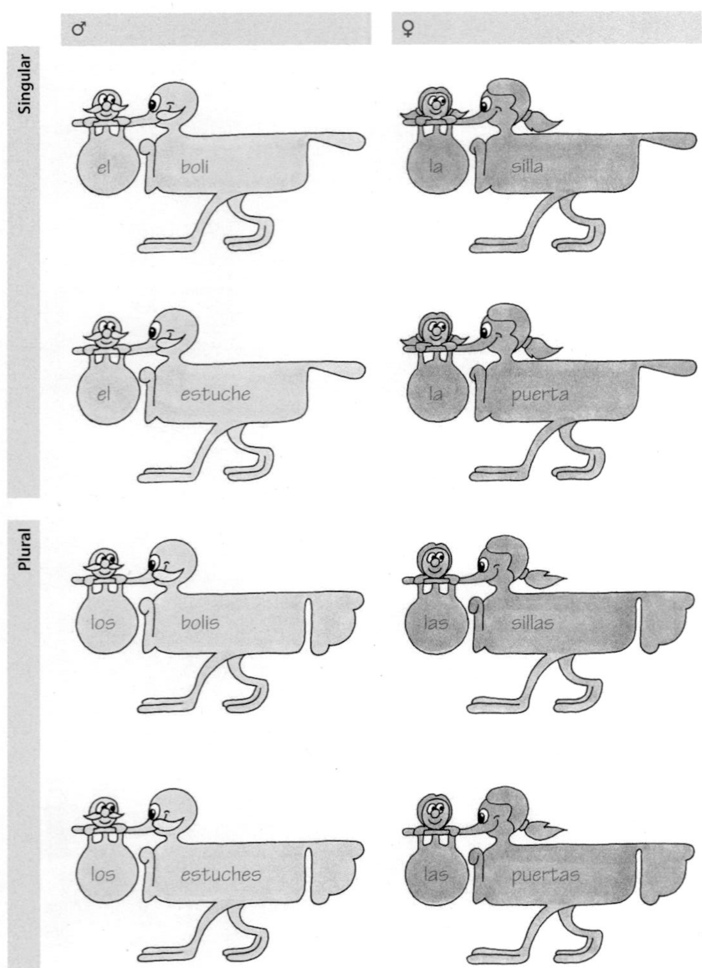

Anders als im Deutschen gibt es im Spanischen nur zwei ________ Geschlechter:

el chico — der Junge
el libro — das Buch
la profesora — die Lehrerin

! Das Geschlecht der Nomen ist im Deutschen und im Spanischen häufig nicht identisch:

la mochila ⟷ der Rucksack

Finde vier weitere Beispiele:

la pluma ________ ⟷ der Füller ________

la goma ________ ⟷ der Radiergummi ________

el colegio ________ ⟷ die Schule ________

la mesa ________ ⟷ der Tisch ________

SB 1 | U 3 ## Der zusammengezogene Artikel del | El artículo contracto del

♂	♀
La pelota está debajo del ________ escritorio.	La lámpara está encima de la ________ mesa.
La estantería está al lado del ________ armario.	

Wenn die Präposition **de** und der Artikel **el** aufeinandertreffen, verbinden sie sich zu del ________.

SB 1 | U5 Der zusammengezogene Artikel al | El artículo contracto al

♂

Elena llega al ________ colegio.

Javi llega al ________ examen.

♀

Esteban llega a la ________ plaza.

Wenn die Präposition **a** und der Artikel **el** aufeinandertreffen, verbinden sie sich zu al ________.

SB 1 | U2 Der unbestimmte Artikel | El artículo indeterminado

Ergänze das Schema mit je einem Nomen deiner Wahl und dem jeweils passenden Artikel.

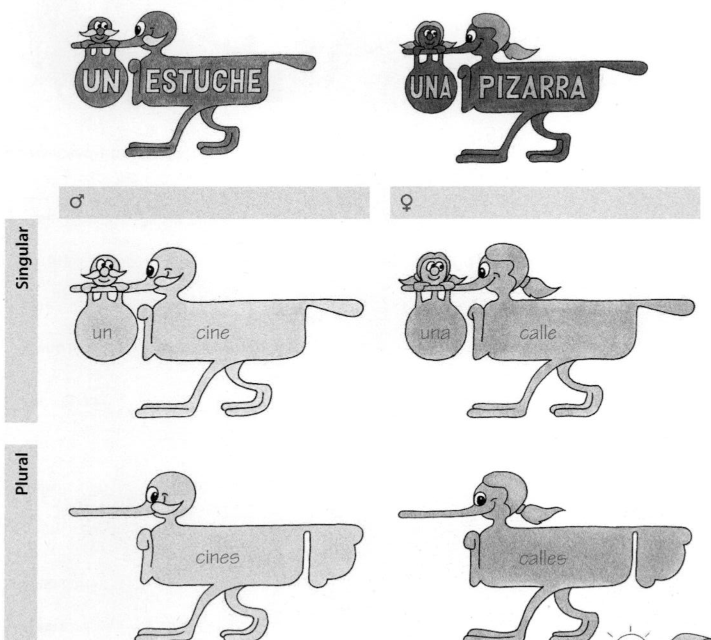

Der unbestimmte Artikel wird in der Regel nur im Singular ________ verwendet.

SB 1 | U3 Die Possessivbegleiter mi/s, tu/s und su/s | Los determinantes posesivos mi/s, tu/s y su/s

	ein Besitzer	♂		♀	
Singular	[yo]	mi	móvil	mi	mochila
	[tú]	tu	móvil	tu	chaqueta
	[él]	su	compañero	su	madre
	[ella]	su	compañero	su	madre
Plural	[yo]	mis	libros	mis	cosas
	[tú]	tus	libros	tus	cosas
	[él]	sus	libros	sus	cosas
	[ella]	sus	libros	sus	cosas

Die Lösungen für die Singularformen findest du im Text „Elena y sus cosas".

▸▸ SB 1, S. 33

Mit einem Possessivbegleiter drückt man aus, dass jemandem etwas gehört.

Mi, tu ________ und su ________ stehen vor männlichen und weiblichen „Besitztümern" im Singular,

Mis ________, tus ________ und sus ________ stehen vor männlichen und weiblichen „Besitztümern" im Plural.

Ergänze die Possessivbegleiter.

Übersetze die folgenden Wortgruppen ins Spanische. Was fällt dir auf?

meine Mutter	mi madre
mein Vater	mi padre
deine Schwester	tu hermana
dein Bruder	tu hermano
seine Freundin	su amiga
sein Freund	su amigo
ihre Freundin	su amiga
ihr Freund	su amigo
seine Eltern	sus padres
ihre Eltern	sus padres

Für „mein/e", „dein/e", „sein/e" und „ihr/e" (Sg.) sowie „seine / ihre" (Pl.) gibt es im Spanischen jeweils nur einen Possessivbegleiter.

Übersetze die beiden Sätze.

¿Quién eres **tú**?	Soy **tu** amigo.
Wer bist du?	Ich bin dein Freund.

Tú ist ein Personalpronomen und heißt „du".

Tu ist ein Possessivbegleiter und heißt „dein/e".

SB 1 | U 4

Die Possessivbegleiter nuestro, vuestro und sus | Los determinantes posesivos nuestro, vuestro y sus

Drei Possessivbegleiter findest du im Text „Un regalo para Javi", *▶▶ SB 1, S. 44/45.* *Die anderen Formen kannst du dir sicher selbstständig herleiten.*

mehrere Besitzer	♂		♀		
[nosotros/-as]	nuestro	amigo	nuestra	casa	Singular
[vosotros/-as]	vuestro	amigo	vuestra	casa	
[ellos]	su	amigo	su	casa	
[ellas]	su	amigo	su	casa	
[nosotros/-as]	nuestros	deberes	nuestras	cosas	Plural
[vosotros/-as]	vuestros	deberes	vuestras	cosas	
[ellos]	sus	libros	sus	cosas	
[ellas]	sus	libros	sus	cosas	

Für „unsere" (Pl.) und „eure" (Pl.) gibt es im Spanischen jeweils zwei Possessivbegleiter.

Die Possessivbegleiter nuestro und vuestro haben vier mögliche Endungen. Schau dir die Abbildungen genau an und ergänze dann die anderen Beispiele.

♂		♀		
nuestro	libro	vuestra	profesora	Singular
nuestro	problema	vuestra	idea	
nuestros	libros	vuestras	profesoras	Plural
nuestros	problemas	vuestras	ideas	

Die Endung der Possessivbegleiter **nuestro** und **vuestro** richtet sich nach Geschlecht und Anzahl des Nomens.

SB 1 | U 9 Die Demonstrativbegleiter este und ese | Los determinantes demostrativos este y ese

Vervollständige das Schema.

Du findest alle fehlenden Begleiter – außer die beiden männlichen von ese – im Text „La falda verde". ▶▶ SB 1, S. 99. Die beiden fehlenden Formen kannst du dir leicht selbstständig herleiten.

	♂		♀		
este	libro	esta	habitación		**Singular**
estos	vaqueros	estas	gafas		**Plural**

	♂		♀		
ese	libro	esa	habitación		**Singular**
esos	vaqueros	esas	gafas		**Plural**

este	jersey	esta	camisa
estos	jerseys	estas	camisas

ese	chándal	esa	gorra
esos	chándales	esas	gorras

Die Endung der Demonstrativbegleiter **este** und **ese** richtet sich nach

Geschlecht und Anzahl des folgenden Nomens.

Merke:

esta mañana heute Morgen

esta tarde heute Nachmittag

esta noche heute Abend

Este benutzt man, um auf Dinge in der unmittelbaren Umgebung des *Sprechers* zu verweisen.

Ese benutzt man, um auf Dinge in der Nähe der *angesprochenen Person* zu verweisen.

SB 1 | U 10 Die Begleiter mucho und poco | Los determinantes mucho y poco

Die fehlenden Formen findest du im Text „¿Qué vamos a comprar?". ▶▶ SB 1, S. 111

	♂		♀
mucho			
mucho	azúcar	mucha	carne
muchos	chistes	muchas	vitaminas
poco			
poco	azúcar	poca	carne
pocos	chistes	pocas	vitaminas

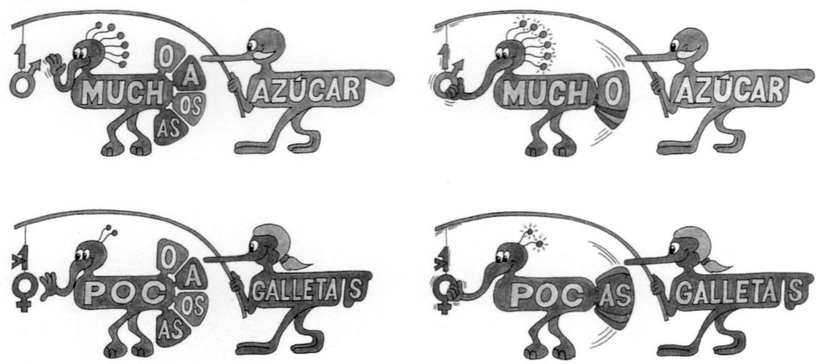

poco	♂		♀
poco	azúcar	poca	leche
pocos	plátanos	pocas	piñas

mucho			
mucho	chocolate	mucha	ensalada
muchos	alumnos	muchas	galletas

Die Endung der Begleiter **mucho** und **poco** richtet sich nach Anzahl und Geschlecht des folgenden Nomens.

Übersetze die beiden Sätze ins Deutsche:

1. **Elena compra muchas uvas.** Elena kauft viele Weintrauben.
2. **A Elena le gustan mucho las uvas.** Elena mag Weintrauben sehr.

Mucho kann – wie im zweiten Satz – auch Adverb sein. Im Zusammenhang mit dem Verb **gustar** übersetzt man es dann mit sehr.

12 DIE PRONOMEN | LOS PRONOMBRES

SB 1 | U 1 Das Subjektpronomen | El pronombre personal sujeto

yo
tú
él
ella
nosotros
nosotras
vosotros
vosotras
ellos
ellas

Du findest die fehlenden Subjektpronomen im Text „Los amigos de Esteban" ▶▶ SB 1, S. 13

Ein Subjektpronomen ist ein Personalpronomen. In der 3. Person Singular und Plural kann es ein Nomen ersetzen.

Übertrage die spanischen Subjektpronomen in die Tabelle auf der folgenden Seite und vergleiche sie mit den deutschen Subjektpronomen.

Markiere die Unterschiede farbig.

In der 3. Person Singular gibt es im Deutschen drei Pronomen und im Spanischen zwei Pronomen.

Im Plural haben „wir", „ihr" und „sie" im Spanischen je eine männliche und eine weibliche Form.

1ª persona singular 1. Person Singular	yo	ich	**1ª persona plural** 1. Person Plural	nosotros nosotras	wir
2ª persona singular 2. Person Singular	tú	du	**2ª persona plural** 2. Person Plural	vosotros vosotras	ihr
3ª persona singular 3. Person Singular	él ella	er es sie	**3ª persona plural** 3. Person Plural	ellos ellas	sie

Ergänze die Sprechblasen mit dem jeweils passenden Subjektpronomen.

Bei Gruppen, die **nur** aus weiblichen Personen bestehen, muss immer eine weibliche Pluralform verwendet werden.

Bei Gruppen, die nur aus männlichen oder aus männlichen **und** weiblichen Personen bestehen, muss immer eine männliche Pluralform verwendet werden.

Meistens verwendest du die spanischen Verben ohne Subjektpronomen. Wenn jedoch unklar ist, wer gemeint ist oder ein Unterschied betont werden soll, sind Subjektpronomen notwendig.

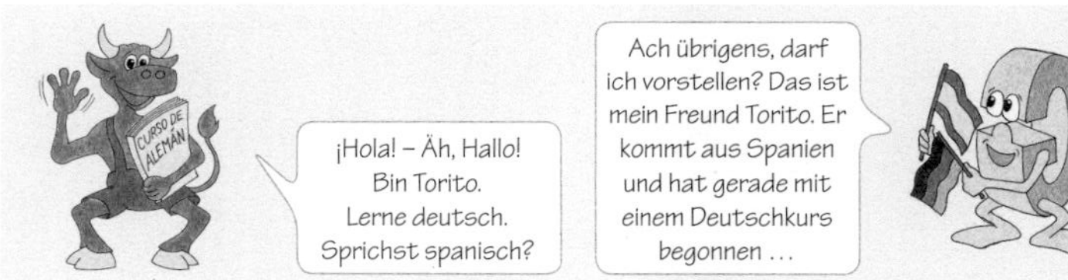

Kommt es dir auch etwas spanisch vor, was Torito da sagt? Wie heißen die Sätze richtig auf Spanisch und Deutsch?

Soy Torito.	Ich bin Torito
Aprendo alemán.	Ich lerne Deutsch.
¿Hablas español?	Sprichst du Spanisch?

Él heißt „er" und ist ein Subjektpronomen.

El heißt „der" und ist ein Artikel.

SB1|U7

Die Personalpronomen conmigo und contigo | Los pronombres personales conmigo y contigo

– Oye, ¿vas conmigo ______ al polideportivo? [yo]

– Sí, voy contigo ______. [tú]

Trifft die Präposition **con** auf das Personalpronomen **yo**,

so wird daraus conmigo ______.

Trifft die Präposition **con** auf das Personalpronomen **tú**,

so wird daraus contigo ______.

SB1|U9

Das indirekte Objektpronomen im Singular | El pronombre de complemento indirecto en singular

Welches Objektpronomen gehört zu welchem Subjektpronomen? Schreibe die Pronomen in die Fähnchen und ergänze dann in den Sätzen die passenden Subjektpronomen.

[yo] ¿Me ______ escribes un mensaje? [él] Elena le ______ cuenta una historia.

[tú] ¿Te ______ gusta la música española? [ella] Javi le ______ pregunta mucho.

Die indirekten Objektpronomen im Spanischen entsprechen meist den deutschen Dativpronomen. **Me** heißt meistens mir ______, **te** dir ______ und **le** kann „ihm" oder ihr ______ heißen.

Übersetze die beiden Sätze ins Spanische. Was fällt dir auf?

„Sage ich ihm die Wahrheit?" **„Sage ich ihr die Wahrheit?"**

Im Spanischen gibt es in der 3. Person Singular nur ein ______ Objektpronomen.

Im Gegensatz zum Deutschen stehen die Objektpronomen immer vor dem konjugierten Verb.

Elena **me escribe** un mensaje. — Elena **schreibt mir** eine Nachricht.

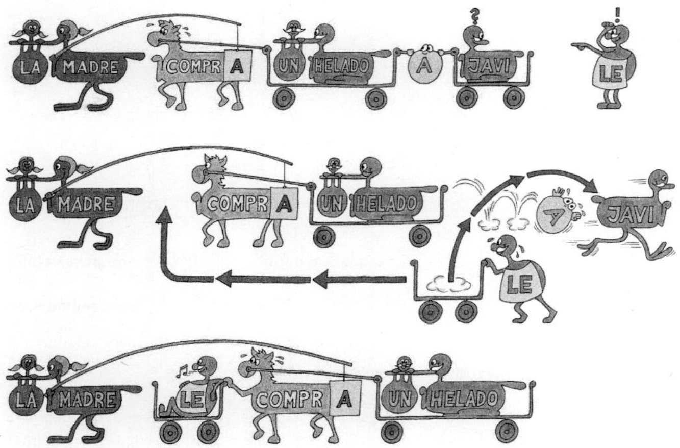

Elena pregunta a su madre. – Elena le pregunta.

¿Qué digo a mi amigo? – ¿Qué le digo?

Ana está en casa de su abuela.

Ana está en casa de su abuela.

Cuenta muchas historias a su abuela …

Le cuenta muchas historias

… y también pregunta mucho a su abuela.

y también le pregunta mucho.

Hoy es el cumpleaños de Martín.

Hoy es el cumpleaños de Martín.

Joaquín compra un regalo para Martín

Joaquín le compra un regalo.

y prepara un pastel para Martín.

y le prepara un pastel.

Ein indirektes Objektpronomen kann als Stellvertreter für ein indirektes Objekt stehen – insbesondere wenn man Wiederholungen vermeiden möchte.

13 DAS ADJEKTIV | EL ADJETIVO

SB 1 | U 4 Das Adjektiv im Satz | El adjetivo en la frase

Alicante es una ciudad estupenda. — Alicante ist eine tolle Stadt.
Alicante es estupendo. — Alicante ist toll.

Im Spanischen steht das Adjektiv meist hinter dem Nomen.

SB 1 | U 4 Die Angleichung des Adjektivs | La concordancia del adjetivo

♂		♀	
un chico	divertido	una chica	divertida
un amigo	estupendo	una chaqueta	bonita
chicos	divertidos	chicas	divertidas
amigos	estupendos	chaquetas	bonitas

Alle Adjektive, die auf **-o** enden (z. B. bonito), haben auch eine weibliche Endung, nämlich: -a. Welche Endung verwendet wird, richtet sich nach dem Nomen.

Im Plural wird an die männliche oder weibliche Endung ein -s angehängt.

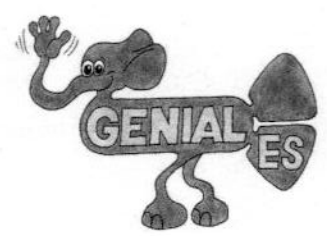

♂		♀	
un libro	interesante	una película	interesante
libros	interesantes	películas	interesantes
un examen	difícil	una profesora	genial
exámenes	difíciles	profesoras	geniales

Adjektive, die auf **-e** oder Konsonant enden, sind im Singular in der männlichen und weiblichen Form gleich.

Bei der Pluralbildung wird bei Adjektiven auf **-e** ein _-s_ angehängt und bei den Adjektiven auf Konsonant _-es_.

Es gibt einige wenige Adjektive, die zwar auf einem Konsonanten enden, aber trotzdem eine weibliche Form im Singular und Plural haben:
- **español / española / españoles / españolas**
- **alemán / alemana / alemanes / alemanas**
- **parlanchín / parlanchina / parlanchines / parlanchinas**[1]

1 parlanchín/a *adj.* *geschwätzig* (▸▸ SB1 / U8)

Zusammenfassung:

Adjektive auf -o		Adjektive auf -e		Adjektive auf Konsonant	
un barrio	bonito	un libro	interesante	un examen	difícil
barrios	bonitos	libros	interesantes	exámenes	difíciles
una calle	bonita	una ciudad	interesante	una clase	difícil
calles	bonitas	ciudades	interesantes	clases	difíciles

Bei allen Adjektiven, die auf den Vokalen **-a**, **-o** oder **-e** enden, wird im Plural ein _-s_ angehängt.

14 DAS ADVERB UND DIE ADVERBIALEN BESTIMMUNGEN | EL ADVERBIO Y LOS DETERMINANTES ADVERBIALES

SB1 | U7

Die Uhrzeit | La hora

Trage die richtigen Uhrzeiten ein

1. Son las siete y veinte.

2. Son las diez y cuarto.

3. Es la una y media.

4. Son las cinco menos cuarto.

5. Son las seis menos diez.

6. Son las ocho.

Du findest die Uhrzeiten in der Reihenfolge der Dialoge im Text „¿Qué hora es?“ ▸▸ SB 1, S. 76/77

7. Son las nueve.

8. Son las dos.

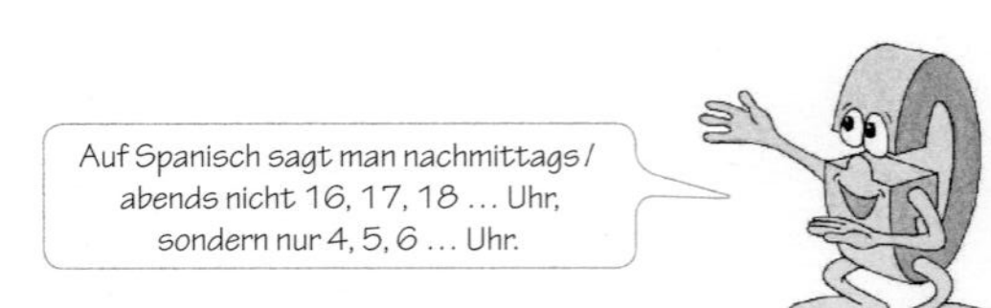

Es la una / **Son las** dos …

en punto

… **menos** cinco		… **y** cinco
… **menos** diez		… **y** diez
menos cuarto		y cuarto
… **menos** veinte		… **y** veinte
… **menos** veinticinco		… **y** veinticinco

y media

Anders als im Deutschen steht im Spanischen das Verb „sein" bei der Angabe der Uhrzeit im Plural.

Eine Ausnahme bildet ein ______ Uhr. Hier steht auch im Spanischen das Verb „sein" im Singular.

Es ist ein Uhr. Es la una.

Es ist zwei Uhr. Son las dos.

Anders als im Deutschen wird nicht schon ab „halb" rückwärts gezählt, sondern erst ab „fünf nach halb".

Es ist halb vier. Son las tres y media

______.

Es ist fünf nach halb vier. Son las cuatro menos veinticinco

______.

SB 1 | U 8

Die Zeitangaben | Los indicadores temporales

Finde die spanische Entsprechung zu den folgenden Zeitangaben.

am Samstag	– ¿Vamos el sábado ______ al cine?
samstags	– No, los sábados ______ voy a clase de baile.
morgens	Por la mañana ______ siempre estoy cansado.
vormittags	Por la mañana ______ tenemos cinco horas de clase.
nachmittags	Por la tarde ______ voy a la piscina.
zur Abendessenszeit	A la hora de cenar ______ estoy en casa.
abends	Por la noche ______ veo la tele.
in der Woche	Durante la semana ______ tenemos cinco horas de Español.
von acht bis ein Uhr	Desde ______ las ocho hasta ______ la una estoy en el colegio.

Du findest die meisten Wendungen im Resumen de gramática von Unidad 8
▶▶ SB 1, S. 94

SB 1 | U 10 ## Mengenangaben | Cantidades

Ergänze die passenden Mengenangaben.

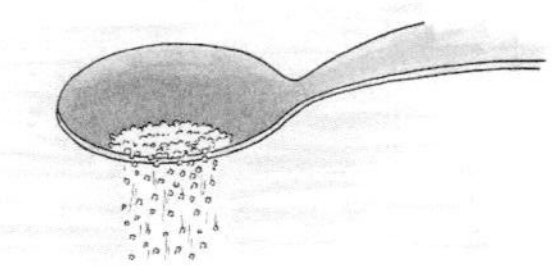

1. un poco de azúcar

2. un paquete de ____________ cacao

3. un litro de ____________ zumo

4. medio litro de ____________ leche

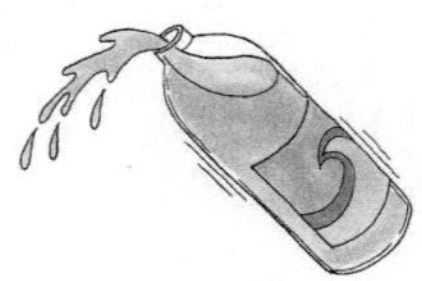

5. una botella de ____________ agua

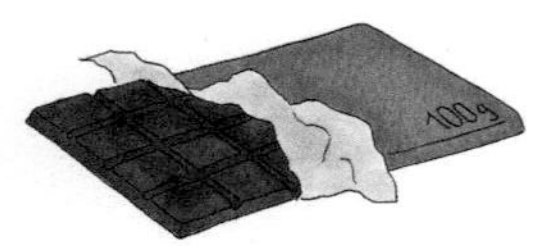

6. cien gramos de ____________ chocolate

7. medio kilo de ____________ arroz

8. un kilo de ____________ manzanas

Du findest alle Mengenangaben im Resúmen de gramática von Unidad 10. ▸▸ SB 1, S. 116

9. dos kilos de ____________ melocotones

10. una lata de ____________ horchata

Mengenangaben werden im Spanischen mit der Präposition de ____ angeschlossen.

Mengenangaben mit **medio** stehen ohne Artikel.

15 DIE PRÄPOSITIONEN UND KONJUNKTIONEN | LAS PREPOSICIONES Y CONJUNCIONES

SB 1 | U 3 ## Die Präposition de | La preposición de

Übersetze die Sätze und markiere die unterschiedlichen Übersetzungen von de farbig.

Lisa es **de** Berlín.

Lisa ist aus Berlin. ____________

____

David es el hermano **de** Lisa.

David ist der Bruder von Lisa. ____________

____

Die Präposition **de** kann mehrere Bedeutungen haben.

In Verbindung mit einem Ort, wird **de** mit aus ____________ übersetzt.

Wenn man sagen will, dass etwas / jemand zu jemandem gehört,

wird **de** mit von ____________ übersetzt.

SB 1 | U 4 ## Die Konjunktion porque | La conjunción porque

Porque es bonito.

Porque es el ____________ cumpleaños de Pía.

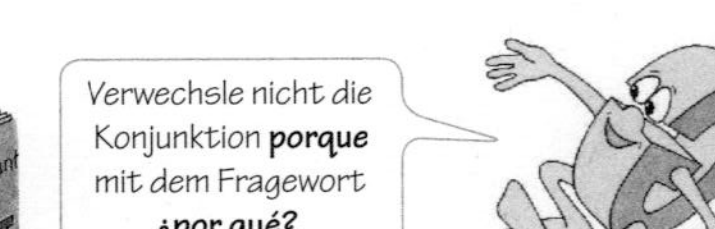

Porque es ____________ interesante.

Die Konjunktion **porque** leitet eine Begründung ein und bedeutet

weil ____________.

SB 1 | U 5 **Die Präposition a bei direktem Objekt | La preposición a con complemento directo**

Schau dir die Abbildungen genau an und ergänze dann die Anschlüsse in den Sätzen.

Los amigos quieren ver *una película* (una película).

Du findest die Verben mit den jeweils richtigen Anschlüssen im Text «En la fiesta». ▶▶ SB 1, S. 55

Elena y Sarah quieren saludar *a su amigo* (su amigo).

La madre mira *al chico y a la tía* (el chico y la tía).

Das direkte Objekt wird direkt an das Verb angeschlossen und ist vergleichbar mit dem Akkusativobjekt. Wenn das direkte Objekt eine *Person* ist, muss davor die Präposition **a** stehen.

SB 1 | U 8 **Die Konjunktion y | La conjunción y**

Y oder e?

Las asignaturas favoritas de Pablo son Inglés *y* Geografía.

Las asignaturas favoritas de María son Inglés *e* Historia.

Elena es traviesa *e* inteligente.

Vor Wörtern, die mit *i* oder *hi* beginnen, wird die Konjunktion **y** zu **e**.

16 DIE FRAGEWÖRTER | LOS PRONOMBRES INTERROGATIVOS

SB 1 | U 1 **Die Fragewörter ¿quién?, ¿cómo?, ¿de dónde? | Los pronombres interrogativos ¿quién?, ¿cómo?, ¿de dónde?**

1. – Es un chico de mi colegio.
2. – Se llama Tomás.
3. – Es de Madrid.

Alle spanischen Fragewörter tragen einen *Akzent*.

SB 1 | U 2 **Die Fragewörter ¿qué?, ¿dónde?, ¿quiénes? | Los pronombres interrogativos ¿qué?, ¿dónde?, ¿quiénes?**

Ergänze die Dialoge mit den drei Fragewörtern.

1. – *¿Qué* aprendes?
   – Baile español.
2. – ¿Y *dónde*?
   – En la academia de baile.
3. – ¿Y *quiénes* son ellas?
   – Son las profesoras de baile.

Anders als im Deutschen hat das Fragepronomen **¿quién?** eine Pluralform: *¿quiénes*.

¿Quién **es el chico?** **Wer ist der Junge?**

¿Quiénes **son los chicos?** **Wer sind die Jungen?**

Die Pluralform verwendet man, wenn nach *mehreren* Personen gefragt wird.

SB1|U4

Das Fragewort ¿por qué? | El pronombre interrogativo ¿por qué?

Ergänze mit ¿por qué? bzw. porque.

¿Por qué ______ Andrés está en la cocina?

Porque ______ prepara un pastel de cumpleaños.

Achte auf die unterschiedliche Schreibung von **¿por qué?** und **porque**.

¿Por qué ______? ist ein Fragewort und heißt „**warum**".

Porque ______ ist eine Konjunktion und heißt „**weil**".

SB1|U7

Die Fragewörter ¿adónde? und ¿cuándo? | Los pronombres interrogativos ¿adónde? y ¿cuándo?

Ergänze die Dialoge mit den beiden Fragewörtern.

– ¿Adónde ______ vas?
– Voy al polideportivo.

– ¿Y cuándo ______ vuelves a casa?
– Por la noche, a la hora de cenar.

Diese beiden Fragewörter haben keine Besonderheiten. Achte aber auch hier auf den Akzent!

SB1|U8

Das Fragewort ¿cuánto? | El pronombre interrogativo ¿cuánto?

Schau dir die Abbildung an und ergänze in den Sätzen die richtigen Formen von ¿cuánto?.

♂

1. ¿Cuánto ______ tiempo necesitas para preparar los sándwiches? **Singular**
2. ¿Cuántos ______ pasteles preparamos para el cumpleaños de Ana? **Plural**

♀

3. ¿Cuánta ______ horchata quieres tomar? **Singular**
4. ¿Cuántas ______ naranjas necesitamos para la macedonia? **Plural**

Das Fragewort **¿cuánto?** hat vier ______ verschiedene Formen.

Welche Form man verwenden muss, richtet sich nach Anzahl und Geschlecht

des Nomens ______, das dahinter steht.

Wiederhole nun noch einmal alle Fragewörter, die du schon kennst und ergänze sie in den Dialogen.

– ¿Quién ______ es esta chica?
– Es María.

– ¿Cómo ______ se llama tu padre?
– Se llama Juan.

– ¿De dónde ______ es Esteban?
– Es de Costa Rica.

– ¿Qué ______ quieres hacer?
– Quiero mirar una película.

– ¿Dónde ______ viven Elena, Sarah y sus amigos?
– Viven en Alicante.

– ¿Quiénes ______ son estos chicos?
– Son Esteban y Javi.

– ¿Por qué ______ Sarah hoy no está en el colegio?
– Porque no está bien.

– ¿Adónde ______ va Javi?
– Va al estadio.

– ¿Cuándo ______ llegan los chicos a casa?
– Por la tarde.

– ¿Cuántos ______ hermanos tiene Esteban?
– Tiene dos hermanas.

Denke an die Akzente!

17 DIE VERNEINUNG | LA NEGACIÓN

SB1|U3 ## Die Verneinung mit no | La negación con no

Übersetze.

Sprichst du deutsch? Nein, ich spreche nicht Deutsch.

Ist Saft da? Nein, es ist keiner da.

Verneine die folgenden Fragen und übersetze die Sätze ins Deutsche. Markiere die unterschiedlichen Übersetzungen von no farbig.

1. ¿Tienes tiempo? No, no tengo tiempo.

   Hast du Zeit? Nein, ich habe keine Zeit.

2. ¿Quieres ir al cine? No, no quiero ir al cine.

   Möchtest du ins Kino gehen? Nein, ich möchte nicht ins Kino gehen.

No hat im Spanischen zwei Bedeutungen.

Wenn **no** allein auftritt bzw. mit einem Komma vom Hauptsatz getrennt ist, übersetzt man es mit nein.

Steht es vor dem konjugierten Verb, übersetzt man es mit nicht oder keine.

SB1|U11 Die Verneinung mit no … nada / nadie / nunca | La negación con no … nada / nadie / nunca

Schau dir die Abbildung genau an und vervollständige die Sätze mit no … nada / nadie / nunca

1. Pía ve siempre la tele.

2. Tomás no ve nunca la tele.

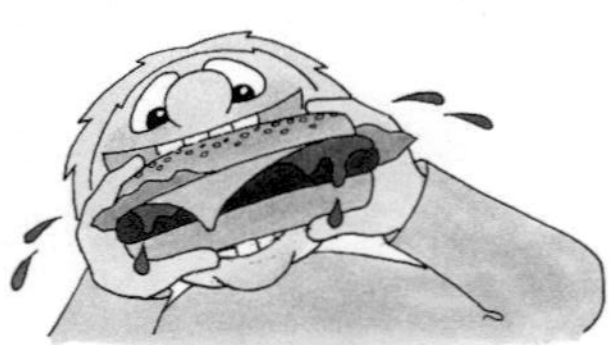

3. José come mucho.

4. Ana no come casi nada.

5. En esta calle hay mucha gente.

6. En esta calle no hay nadie.

Bei der Verneinung mit **no** … **nada / nadie / nunca** steht no vor dem konjugierten Verb.

nada, nadie bzw. nunca stehen dahinter.

So übersetzt man **no** … **nada / nadie / nunca**:

no … nada nichts

no … nadie niemand

no … nunca nie

18 DER SATZ | LA FRASE

SB1|U1 **Der Fragesatz | La frase interrogativa**

Ein spanischer Fragesatz wird immer von zwei Fragezeichen eingerahmt. Das erste davon steht auf dem Kopf. Dieses befindet sich immer am Anfang der *eigentlichen* Frage. Das heißt, wenn das Fragewort erst mitten im Satz auftaucht, steht das umgekehrte Fragezeichen direkt davor:

Y tú, ¿cómo te llamas?

! Fragewörter haben im Spanischen immer einen Akzent!

Übersetze die Beispiele.

Paco habla alemán. Paco spricht Deutsch.

¿Paco habla alemán? Spricht Paco Deutsch?

Elena es de Alicante. Elena ist aus Alicante.

¿Elena es de Alicante? Ist Elena aus Alicante?

Anders als im Deutschen kann im Spanischen der Satzbau bei Fragen ohne Fragewörter genauso wie in einem Aussagesatz sein.

SB 1 | U 4

Die Satzstellung in Nebensätzen | El orden de las frases subordinadas

Übersetze die Nebensätze und unterstreiche jeweils das konjugierte Verb.

1. Elena necesita un regalo **porque** tiene una invitación para el cumpleaños de Sarah.

   Elena braucht ein Geschenk, weil sie zum Geburtstag von Sarah eingeladen ist.

2. La familia de Sarah vive en Alicante **porque** es una ciudad estupenda.

   Sarahs Familie lebt in Alicante, weil es eine tolle Stadt ist.

3. Javi compra muchos libros **porque** leer es su actividad favorita.

   Javi kauft viele Bücher, weil Lesen seine Lieblingsbeschäftigung ist.

In Nebensätzen steht im Spanischen das konjugierte Verb direkt nach der Konjunktion porque oder aber an zweiter Stelle.

Im Deutschen steht das Verb immer am Ende des Nebensatzes.

SB 1 | U 10

Relativsätze mit que | Frases relativas con que

Schau dir die Satzbilder an und füge die folgenden Sätze zu Relativsätzen zusammen.

1. La lechuga y el tomate son verduras. La lechuga y el tomate tienen muchas vitaminas.

   La lechuga y el tomate son verduras que tienen muchas vitaminas.

2. Javi lee un libro. El libro es muy interesante.

   Javie lee un libro que es muy interesante.

3. Sarah escribe a su tía. Su tía vive en Hamburgo.

   Sarah escribe a su tía que vive en Hamburgo.

Ein Relativsatz gibt nähere Informationen zu einer Person oder Sache aus dem Hauptsatz. Um diese Person oder Sache nicht zweimal zu nennen, wird sie im Nebensatz von dem Relativpronomen que „vertreten".

Das spanische Relativpronomen **que** kann sowohl das Subjekt als auch das Objekt ersetzen. Das ist im Deutschen genauso.

Im Spanischen ist **que** unveränderlich. Das ist im Deutschen anders.
Übersetze die Sätze und unterstreiche jeweils das deutsche Relativpronomen.

que als Subjekt

Paco es un chico que lee mucho.

Paco ist ein Junge, der viel liest.

Tecnología es una asignatura que no hay en Alemania.

Technologie ist ein Schulfach, das es in Deutschland nicht gibt.

La naranja y la piña son frutas que tienen muchas vitaminas.

Orange und Ananas sind Früchte, die viele Vitamine enthalten.

que als Objekt

Mari escribe a su abuelo que vive en Madrid.

Marie schreibt ihrem Großvater, der in Madrid lebt.

Pedro llama a Jorge que está en Berlín.

Pedro ruft Jorge an, der in Berlin ist.

Im Relativsatz steht im Spanischen das Verb an zweiter Stelle, im Deutschen steht es an letzter Stelle.

¡Apúntate! 1, Mi cuaderno de gramática © 2008 Cornelsen Verlag, Berlin. Alle Rechte vorbehalten.

uns

11 DAS NOMEN UND SEINE BEGLEITER

12 DIE PRONOMEN

13 DAS ADJEKTIV

14 DAS ADVERB UND DIE ADVERBIALEN BESTIMMUNGEN

15 DIE PRÄPOSITIONEN UND KONJUNKTIONEN

16 DIE FRAGEWÖRTER

17 DIE VERNEINUNG

18 DER SATZ

§ 1 DIE REGELMÄSSIGEN VERBEN | LOS VERBOS REGULARES

Ergänze die fehlenden Formen und markiere die Endungen farbig.

______________ ______________ ______________

______________ ______________ ______________

Die Grundform eines Verbes nennt man ______________________.

Ein Verb besteht aus zwei Teilen: Dem Wortstamm *(hier: habl-)* und der

______________________ *(hier: -ar)*.

Wenn das Verb konjugiert wird, passt sich die Endung dem Personalpronomen an *(hier: yo)*. Im Spanischen erkennt man nur an der ______________________ des konjugierten Verbes, welche Person gemeint ist.

Im Spanischen steht das konjugierte Verb häufig ohne Personalpronomen, da man bereits an der ______________________ erkennt, welche Person gemeint ist. Ein spanischer Satz kann deshalb bereits aus ______________________ Wort bestehen.

Im Deutschen muss immer das Personalpronomen vor dem konjugierten Verb stehen. Ein deutscher Satz besteht deshalb immer aus mindestens ______________________ Wörtern.

SB 1 | U 1 Die Verben auf -ar | Los verbos en -ar

[yo]

____________ ____________

[tú]

____________ ____________

[él / ella]

____________ ____________

[nosotros / nosotras]

____________ ____________

Du findest die Formen von ***hablar*** *im Text „Los amigos de Esteban".*
▶▶ *SB 1, S. 13*

[vosotros / vosotras]

____________ ____________

[ellos / ellas]

____________ ____________

SB 1 | U 1 Die Betonung der Verben | La acentuación de los verbos

Sprich die Formen nach und achte auf die richtige Betonung.

charlo	**char**las	**char**la	char**la**mos	char**láis**	**char**lan
tra**ba**jo	tra**ba**jas	tra**ba**ja	traba**ja**mos	traba**jáis**	tra**ba**jan

Fast alle Verbformen werden auf der vorletzten Silbe betont.

Nur die _____ Person ________________________ wird auf der letzten Silbe betont.

Trainiere die richtige Betonung der Verben mit der folgenden Rhythmusübung.

SB 1 | U 2 Die Verben auf -er und -ir | Los verbos en -er e -ir

[yo]

[tú]

[él / ella]

[nosotros / nosotras]

[vosotros / vosotras]

[ellos / ellas]

Du findest die fehlenden Verbformen im Text „En el barrio San Blas".
▶▶ *SB 1, S. 23*

Ergänze die Tabelle und markiere die Endungen, die in zwei – oder sogar in allen drei – Konjugationen identisch sind.

[yo]			
[tú]			
[él / ella]			
[nosotros / nosotras]	hablamos	leemos	escribimos
[vosotros / vosotras]			
[ellos / ellas]			

Die Verben auf **-er** und **-ir** werden ähnlich konjugiert und unterscheiden sich nur in der _____ und _____ Person ____________________.

Bei allen regelmäßigen Verben auf **-ar**, **-er** und **-ir** ist die Endung der _____ Person ____________________ gleich und lautet -____.

2 DIE VERBEN SER UND ESTAR | LOS VERBOS SER Y ESTAR

SB 1 | U 1 Das unregelmäßige Verb ser | El verbo irregular ser

[yo]	soy
[tú]	eres
[él / ella]	______
[nosotros / nosotras]	______
[vosotros / vosotras]	______
[ellos / ellas]	______

*Die fehlenden Formen von **ser** findest du im Text „Los amigos de Esteban".* ▶▶ SB 1, S. 13

Ser wird im Spanischen sehr häufig verwendet. Lerne die Konjugation am besten auswendig!

Schau dir in der Tabelle unten an, wann du das Verb ser verwenden kannst. Ordne dann die folgenden fünf Sätze den beiden Überschriften zu.

1. Ellos son de Costa Rica.
2. Clara es la hermana de Esteban.
3. Sarah es de Hamburgo.
4. Javi y Sarah son amigos.
5. Somos hermanos.

ser + Nomen	ser + de + Ortsangabe
______	______
______	______
______	______
______	______

Ser + ______ verwendet man zur Identifizierung von Personen oder Sachen.

Ser + ______ verwendet man zur Angabe der Herkunft einer Person oder Sache.

SB 1 | U 3 Das unregelmäßige Verb estar | El verbo irregular estar

[yo]	______________
[tú]	______________
[él / ella]	______________
[nosotros / nosotras]	______________
[vosotros / vosotras]	______________
[ellos / ellas]	______________

Im Text „Elena y sus cosas" findest du alle Formen von ***estar****.*
▶▶ *SB 1, S. 33*

SB 1 | U 3 Die Anwendung von ser und estar | El uso de ser y estar

Ordne die Sätze den Bildern in der Tabelle zu. Ergänze dann in der Kopfzeile der Tabelle ser bzw. estar.

1. Es la panadería López.
2. La Explanada de España está en Alicante.
3. Ahora Sarah está en Alicante.
4. Es la Explanada de España.
5. La panadería López está en el Barrio San Blas.
6. Sarah es de Hamburgo.

______________	______________
	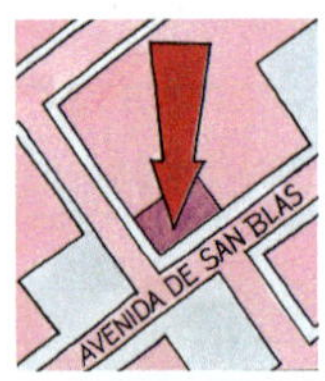

______________ gebraucht man, wenn man eine Person oder Sache beschreibt oder den Herkunftsort einer Person angibt.

______________ gebraucht man, wenn man sagen will, wo sich ein Ort oder eine Sache befinden oder wo sich eine Person gerade aufhält.

SB 1 | U 8 Estar + Adjektiv | El verbo estar + adjetivo

Vervollständige die Sätze mit einer konjugierten Form von estar.

1. Hoy José ____________ muy cansado.
2. José ____________ nervioso porque no tiene los deberes.

3. Hoy Maite ____________ sola porque su amiga Eva no está en el cole.
4. Maite ____________ harta de Mates.

5. Diego y Raúl ____________ muy atentos en clase.
6. Diego y Raúl ____________ contentos.

Das Verb **estar** wird dann verwendet, wenn das Adjektiv einen Zustand beschreibt, der sich ____________________ kann.

SB 1 | U 8 Die Verben ser und estar + Adjektiv | Los verbos ser y estar + adjetivo

Ergänze mit je einer Form von ser oder estar:

Elena ____________ contenta porque va a su curso de baile.

Elena ____________ tranquila.

Javi ____________ bueno en el colegio.

Du findest die Sätze im Text „Así son los chicos". ▶▶ *SB 1, S. 89*

Javi ____________________ nervioso porque hoy tiene un examen.

Sarah ____________________ harta de Geografía.

Sarah ____________________ muy parlanchina.

Übertrage die Sätze in die Tabelle.

ser	estar
Elena ____________________	Elena ____________________
____________________	____________________
Javi ____________________	Javi ____________________
____________________	____________________
Sarah ____________________	Sarah ____________________
____________________	____________________

Wenn man Eigenschaften von Personen beschreibt, steht das Adjektiv mit

____________________.

Wenn man vorübergehende Zustände beschreibt, steht das Adjektiv mit

____________________.

Vervollständige die Sätze und fasse noch einmal zusammen, was du bisher über den Gebrauch von ser und estar gelernt hast.

________________ las doce y media.

María ________________ una chica española.

Esteban ________________ de Costa Rica.

Sarah y Esteban ________________ chicos simpáticos.

Alicante ________________ en Espana.

Javi ________________ en el colegio.

Hoy, Elena ________________ muy cansada.

Die Uhrzeit, Angaben zur Beschreibung von Personen und Dingen, die Herkunft einer Person sowie Adjektive, die unveränderliche Eigenschaften beschreiben,

stehen mit ________________.

Angaben über die Lage eines Ortes und den Aufenthaltsort einer Person sowie Adjektive, die vorübergehende Zustände beschreiben, stehen mit

________________.

§ 3 DIE UNREGELMÄSSIGEN VERBEN | LOS VERBOS IRREGULARES

SB 1 | U 2 Das Verb **ver** | El verbo **ver**

[yo] *veo* ____________

[tú] ____________

[él / ella] ____________

[nosotros / nosotras] ____________

[vosotros / vosotras] *veis* ____________

[ellos / ellas] ____________

Überprüfe, ob du die richtigen Formen eingetragen hast. ▶▶ *SB 1, S. 28*

Bei der 1. Person Singular tritt zwischen den Verbstamm „v" und die Endung „o"

ein -________-.

Die 2. Person Plural von **ver** hat ____________ Akzent.

SB 1 | U 4 Das Verb **tener** | El verbo **tener**

Markiere farbig, welche Verbformen du dir besonders merken musst.

[yo] ____________

[tú] ____________

[él / ella] ____________

[nosotros / nosotras] ____________

[vosotros / vosotras] ____________

[ellos / ellas] ____________

Du findest alle Formen von ***tener*** *im Text „Un regalo para Javi".* ▶▶ *SB 1, S. 44/45*

Tener ist ein sehr häufig gebrauchtes unregelmäßiges Verb. Lerne die Konjugation auswendig!

SB 1 | U 7 Das Verb **ir** | El verbo **ir**

*Du findest die fehlenden Formen von **ir** im Text „¿Vamos a la playa?“*
▶▶ SB 1, S. 79

[yo]	________________
[tú]	________________
[él / ella]	________________
[nosotros / nosotras]	________________
[vosotros / vosotras]	________________
[ellos / ellas]	van

SB 1 | U 9 Das Verb **decir** | El verbo **decir**

*Im Text „La falda verde“ findest du die fehlenden Formen von **decir**.*
▶▶ SB 1, S. 99

[yo]	________________
[tú]	dices
[él / ella]	________________
[nosotros / nosotras]	decimos
[vosotros / vosotras]	decís
[ellos / ellas]	________________

SB 1 | U 11 Das Verb **venir** | El verbo **venir**

*Du findest die restlichen Formen von **venir** im Text „Saludos desde …“*
▶▶ SB 1, S. 125

[yo]	vengo
[tú]	vienes
[él / ella]	________________
[nosotros / nosotras]	________________
[vosotros / vosotras]	________________
[ellos / ellas]	vienen

§ 4 DIE GRUPPENVERBEN | LOS GRUPOS DE VERBOS

SB 1 | U 5 Diphthongverben e → ie | Los verbos con diptongo e → ie

Ergänze zuerst die fehlenden Formen des Verbs querer. Bilde nach diesem Muster auch die Formen von preferir. Markiere die betonten Silben farbig.

Der Stammvokal ist der betonte Vokal im Wortstamm.

	querer	preferir
[yo]	______	______
[tú]	______	______
[él / ella]	______	______
[nosotros / nosotras]	______	______
[vosotros / vosotras]	______	______
[ellos / ellas]	______	______

Im Text „En la fiesta" findest du alle Formen von ***querer****.*
▶▶ SB 1, S. 55

Wenn der Stammvokal ______ wird, wird **-e-** zu **-ie-**.

SB 1 | U 6 Diphthongverben o → ue | Los verbos con diptongo o → ue

Ergänze zuerst die fehlenden Formen des Verbs poder. Bilde nach diesem Muster auch die Formen von encontrar. Markiere die betonten Silben farbig.

Noch eine neue Verbgruppe! Aber keine Angst, das Konjugationsprinzip kennst du schon von **querer**.

	poder	encontrar
[yo]	______	______
[tú]	______	______
[él / ella]	______	______
[nosotros / nosotras]	______	______
[vosotros / vosotras]	podéis	______
[ellos / ellas]	pueden	______

Die fehlenden Formen von ***poder*** *findest du im Text „¿Puedo tener un perro?"*
▶▶ SB 1, S. 67

Die Verben mit Stammvokalwechsel von **-o-** zu **-ue-** werden ähnlich konjugiert wie die Verben mit Stammvokalwechsel von -______- zu -______-.

Das Verb **jugar** | El verbo **jugar**

Konjugiere das Verb jugar.

Im SB, S. 120 findest du die Imperativform im Singular **¡Juega!**. Davon kannst du ableiten, wie **jugar** konjugiert wird. Wenn du unsicher bist, schau dir in diesem Heft noch mal die Konjugation von **poder** und **encontrar** auf S. 15, § 4 an. Ähnlich funktioniert auch das Verb jugar.

[yo] ____________________

[tú] ____________________

[él / ella] juega

[nosotros / nosotras] ____________________

[vosotros / vosotras] ____________________

[ellos / ellas] ____________________

Lies dir den ersten Satz genau durch und ergänze dann die restlichen Sätze.

Oscar juega al fútbol.

Maite y sus amigos ____________________ _____ voleibol.

A Raúl le gusta ____________________ _____ baloncesto.

Lola y Andrés ____________________ _____ tenis de mesa.

In Verbindung mit Sportarten oder Spielen folgt auf **jugar** die Präposition ________.

Übersetze die spanischen Sätze ins Deutsche und unterstreiche alle Verben.

A Paquito le gusta jugar en la playa. ____________________

Tomás juega al voleibol. ____________________

María toca la guitarra. ____________________

Im Spanischen gibt es ________ Wörter für „spielen". In Verbindung mit Instrumenten verwendet man das Verb ____________________, in Verbindung mit Sportarten oder Spielen verwendet man ____________________.

5 VERBEN MIT UNREGELMÄSSIGER 1. PERSON PRÄSENS | LOS VERBOS CON LA PRIMERA PERSONA IRREGULAR EN PRESENTE

SB 1 | U6 Die Verben salir und saber | Los verbos salir y saber

Konjugiere und markiere die unregelmäßigen Formen farbig.

	salir	saber
[yo]	________	________
[tú]	________	________
[él / ella]	________	________
[nosotros / nosotras]	________	________
[vosotros / vosotras]	________	________
[ellos / ellas]	________	________

*Die unregelmäßigen Formen von **salir** und **saber** findest du im Text „¿Puedo tener un perro?"* ▶▶ *SB 1, S. 67*

SB 1 | U7 Das Verb hacer | El verbo hacer

	hacer
[yo]	________
[tú]	________
[él / ella]	________
[nosotros / nosotras]	________
[vosotros / vosotras]	________
[ellos / ellas]	hacen

*Du findest die fehlenden Formen von **hacer** im Text „¿Vamos a la playa?"* ▶▶ *SB 1, S. 79*

Welche Kombinationen sind möglich?

tener	chatear
ser	comer
vivir	escribir
leer	estar
tomar	tocar
escuchar	contar
preparar	llegar
jugar	pensar
saber	volver
salir	ir
pasar	

en una ciudad	una hamburguesa
la guitarra	música
hambre	un e-mail a un amigo
ganas de dormir	un vaso de agua
de Alicante	cansado/-a
una historia	en el examen de Mates
bueno/-a en Mates	a pasear
doce años	harto/-a
una piñata	al colegio
un helado	por la heladería
una revista	de moda
por Internet	frío
razón	prisa
leer	de acuerdo
a casa	al fútbol
en Alicante	sed

Du hast in **¡Apúntate! 1** eine ganze Menge Verben gelernt. Hier kannst du einige wichtige wiederholen.

tener ganas de dormir, tener

§ 6 DER IMPERATIV | EL IMPERATIVO

SB 1 | U 5 Der Imperativ | El imperativo

Ergänze die fehlenden Formen und markiere die Endungen farbig.

Infinitiv	Imperativ Singular (tú)	Imperativ Plural (vosotros)	
Verben auf -ar			
	¡toma!	¡ !	
	¡ !	¡entrad!	
Verben auf -er			
	¡come!	¡ !	
	¡ !	¡bebed!	
Verben auf -ir			
	¡ !	¡escribid!	
	¡vive!	¡ !	

Der regelmäßige Imperativ im Singular entspricht der _____ Person Singular.

Die Endungen für den Imperativ im Plural lauten für die Verben auf **-ar** -__________, für die Verben auf **-er** -__________ und für die Verben auf **-ir** -__________.

Von welchen Verben stammen diese Formen? Ergänze die regelmäßigen Pluralformen und die Infinitive.

Infinitiv	Imperativ Singular	Imperativ Plural
______	¡ten!	¡______!
______	¡sal!	¡______!

Im Text „En la fiesta" (▶▶ SB, S. 55) findest du den Befehl „¡Ten cuidado!" und im Text „¿Puedo tener un perro?" (▶▶ SB, S. 67) „¡Sal de aquí!"

SB 1 | U 6

Der Imperativ der Diphthongverben | El imperativo de los verbos con diptongo

Infinitiv	Imperativ Singular	Imperativ Plural
	¡______!	¡______!
	¡______!	¡______!
	¡______!	¡______!

7 DIE MODALVERBEN | LOS VERBOS MODALES

SB1 | U6 Saber, poder, querer und tener que | saber, poder, querer y tener que

Übertrage die Sätze in die Tabelle.

1. No sé hacer la comida.

2. Pero tengo que comer.

3. Puedo ir a la hamburguesería.

4. Quiero comer una hamburguesa.

	konjugiertes Modalverb	Infinitiv	
1. No	sé	hacer	la comida.
2. ____	____	____	____
3. ____	____	____	____
4. ____	____	____	____

Mit Modalverben drückt man aus, was man kann, muss oder möchte.

Das Modalverb wird immer ______________________.

Das Hauptverb, das folgt, steht immer im ______________________.

Im Deutschen ist nur die Wortstellung anders. Unterstreiche sowohl in den spanischen als auch in den deutschen Sätzen die konjugierten Verben rot und die Infinitive grün.

1. **Quiero aprender español.** — **Ich will Spanisch lernen.**
2. **Max no puede ir al colegio hoy.** — **Max kann heute nicht zur Schule gehen.**
3. **Tenéis que hacer los deberes.** — **Ihr müsst die Hausaufgaben machen.**

SB1|U6

Die Modalverben **saber** und **poder** | Los verbos modales **saber** y **poder**

Ordne die Sätze den Bildern zu.

1. Ana sabe tocar la guitarra.
2. Hoy, Ana no puede tocar la guitarra.
3. Paquito todavía no sabe hablar.
4. Elena no puede hablar.
5. Bello no sabe jugar al fútbol.
6. Javi no puede jugar al fútbol.
7. Susanita no sabe tomar un helado.
8. Eva no puede tomar un helado.

1. Das Verb ________________ drückt eine Möglichkeit aus. Man verwendet es, wenn jemand etwas nicht tun kann, weil er daran gehindert wird.
2. Das Verb ________________ verwendet man, wenn jemand eine bestimmte Fähigkeit besitzt, die er erlernen musste, z. B. sprechen, lesen, ein Instrument spielen, eine Sportart ausüben usw.

8 DIE VERBEN VOM TYP „GUSTAR“ | LOS VERBOS DEL TIPO «GUSTAR»

SB 1 | U 9 Das Verb gustar | El verbo gustar

Schau dir das Satzbild genau an und ergänze dann in den anderen Sätzen die richtige Form von gustar. Markiere das Subjekt und die Endung von gustar farbig.

Singular	Plural
1. Me gusta ________ la película.	Me gustan ________ las películas.
2. ¿Te ________ mi libro?	¿Te ________ mis libros?
3. No le ________ la camiseta.	No le ________ las camisetas.

Das Verb **gustar** tritt meistens nur in zwei Formen auf: in der ____ Person Singular und in der ____ Person Plural. Die Endung von **gustar** richtet sich nach dem Subjekt.

1. Me ________ jugar al fútbol.
2. ¿Te ________ salir con el perro?
3. Le ________ escuchar música.
4. No le ________ bailar.

Folgt nach **gustar** ein Verb im Infinitiv, steht **gustar** immer in der ____ Person ____________.

Welcher der beiden deutschen Sätze funktioniert wie der spanische Satz?

Du kannst **gustar** mit „mögen“ und „gefallen“ übersetzen.

„Me gustan los zapatos.“

1. **Ich mag die Schuhe.**
2. **Mir gefallen die Schuhe.**

Gustar funktioniert wie das deutsche Verb ____________________.

Schau dir das Satzbild an und ergänze die Sätze mit den passenden Objektpronomen.

1. A mí ____________________ gusta pasear mi tortuga.
2. ¿A ti ____________________ gusta bailar?
3. A Elena ____________________ gusta el color verde.

Wenn **a** + Dativobjekt am Satzanfang stehen, muss das Objekt als Objektpronomen noch mal wiederholt werden.

Im Text „La falda verde“(SB1, S. 99) findest du auch die Formulierung „A Elena le gusta ...“. Das ist doch doppelt gemoppelt, oder? Im Spanischen nicht. Man kann also sagen „A Sarah le gusta bailar“ oder einfach nur „Le gusta bailar“ (wenn man bereits weiß, dass von Sarah die Rede ist). Das musst du noch nicht lernen, sondern nur verstehen.

9 DIE ZEITEN DES VERBS | LOS TIEMPOS VERBALES

SB 1 | U 10 Das unmittelbare Futur | El futuro inmediato

Ergänze die fehlenden Formen und markiere farbig, welche Satzglieder das Futur ausdrücken.

[yo] *Voy* ____________ *a* ______ **bailar**.

[tú] *¿No* ____________ ______ **ir** al colegio?

Él ____________ ______ **tocar** la guitarra en la fiesta.

Ella ____________ ______ **estudiar**.

[nosotros / nosotras] ____________ ______ **ir** al mercado.

[vosotros / vosotras] *¿* ____________ ______ **hacer** una fiesta?

Ellos ____________ ______ **preparar** un pastel.

Das **futuro inmediato** wird folgendermaßen gebildet:

konjugierte Form von ______ + ____ + ____________ des Vollverbs.

Wenn der Satz verneint wird, steht **no** vor der konjugierten Form

von ____________.

SB 1 | U 11 Das Perfekt | El pretérito perfecto

1. Hasta ahora la semana **ha sido** fenomenal, pero hoy sólo* es miércoles.
2. Hoy **hemos jugado** al fútbol y ahora tenemos hambre.
3. Esta mañana **he tomado** un chocolate.
4. ¿Ya **has visto** una película española?
5. Todavía no **he ido** a Costa Rica.

* sólo erst

Das Perfekt wird im Spanischen verwendet, um über einen Zeitraum zu sprechen, der noch nicht zu Ende ist. Nach den folgenden Ausdrücken verwendet man immer das Perfekt.

hasta ahora ________ **bis jetzt** ____________ **heute**

____

heute Morgen / heute Nachmittag / heute Abend

____________ **schon** ____________ **noch nicht**

	haber	Partizip	
Esta mañana	______	tenido	clases.
¿Hoy no	has	hablado	español?
Hasta ahora la semana	______	sido	fenomenal.
Esta semana	______	pasado	un día en las montañas.
¿Qué	______	hecho	estos días sin mí?
Las clases ya	______	empezado	.

Du findest die vollständigen Sätze im Text „Saludos desde ...". ▶▶ SB 1, S. 125

So wird das Perfekt gebildet: konjugierte Form von

______ + ______ des Vollverbs.

Bei der Verneinung steht **no** vor ______.

Wie werden die Partizipien der regelmäßigen Verben gebildet?

-ar		-er		-ir	
pasar	______	tener	______	subir	subido
empezar	______	ser	sido	salir	______
hablar	______				

So werden die Partizipien der regelmäßigen Verben gebildet:

Partizip der Verben auf **-ar**: Wortstamm + -______

Partizip der Verben auf **-er** und **-ir**: Wortstamm + -______

Unregelmäßige Partizipien:

Du findest die unregelmäßigen Partizipien im Text „Saludos desde ...". ▶▶ SB 1, S. 125

abrir	abierto	hacer	______
decir	______	ir	______
escribir	______	ver	______

10 DAS „GERUNDIO“ | EL GERUNDIO

SB 1 | U 11 Die Verlaufsform | estar + gerundio

Ergänze in der rechten Spalte die Verlaufsform.

Tim **habla** español.

Tim *está* ____________________ con su amigo de Madrid.

Los lunes, Nadia **juega** al balonmano.

Nadia ____________________ al balonmano.

En Costa Rica, siempre **llueve** en agosto.

Mira, ¡*está* ____________________!

Mit **estar** + **gerundio** bringt man zum Ausdruck, dass ____________________

____

Vergleiche den englischen und den spanischen Satz.
Wie sagst du das Gleiche auf Deutsch?

The teacher **is talking**. El profesor **está hablando**.

____

Markiere die Endungen der Infinitive und des gerundio farbig.

Das **gerundio** der Verben auf **-ir** wird genauso gebildet wie das **gerundio** der Verben auf **-er**!

	estar	+ gerundio	
[yo]	________	________	(empezar)
[tú]	________	________	(jugar)
[él / ella]	________	________	(comer)
[nosotros / nosotras]	________	________	(beber)
[vosotros / vosotras]	________	________	(escribir)
[ellos / ellas]	________	________	(salir)

So wird die Verlaufsform gebildet:

konjugierte Form des Hilfsverbs ____________ + ______________ des Vollverbs.

Zur Bildung des **gerundio** wird an den Stamm des Vollverbs eine Endung angehängt:

- bei den Verben auf **-ar** die Endung -__________,
- bei den Verben auf **-er** und **-ir** die Endung -__________.

Die **gerundio**-Formen sind unveränderlich.

Unregelmäßige Gerundio-Formen:

______________ → leyendo

______________ → diciendo

11 DAS NOMEN UND SEINE BEGLEITER | EL SUSTANTIVO Y SUS DETERMINANTES

Das Nomen | El sustantivo

SB 1 | U 1

Finde weitere Beispiele.

Männliche Nomen (Singular) ♂		**Weibliche Nomen (Singular)** ♀	
mit Endung auf **-o** oder einem anderen Vokal	mit Endung auf einem Konsonanten	mit Endung auf **-a** oder einem anderen Vokal	mit Endung auf einem Konsonanten
		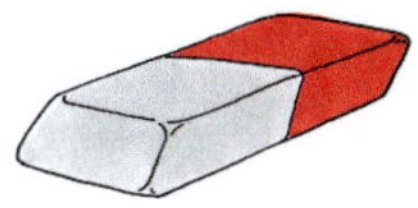	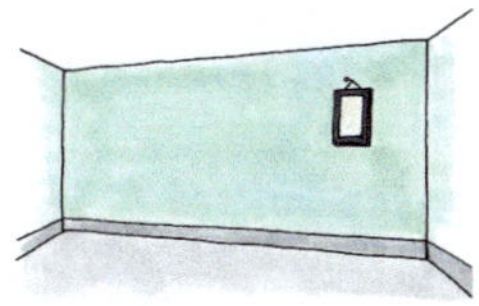
cuaderno ______	profesor ______	goma ______	pared ______
______	______	______	______
______	______	______	______

Im Spanischen kann man das Geschlecht sehr häufig an der Endung erkennen.

Nomen auf -______ sind meistens männlich (maskulin),

Nomen auf -______ meistens weiblich (feminin).

Setze die Wörter aus dem Singular in den Plural.

Männliche Nomen (Plural) ♂		**Weibliche Nomen (Plural)** ♀	
mit Endung auf **-o** oder einem anderen Vokal	mit Endung auf einem Konsonanten	mit Endung auf **-a** oder einem anderen Vokal	mit Endung auf einem Konsonanten

cuadernos ______	______	______	______
______	______	______	______
______	______	______	______

Bei Nomen, die auf einem Vokal enden – also auf **a**, **e**, **i**, **o** oder **u** – wird im Plural ein -______ angehängt, bei allen übrigen -______.

SB 1 | U 1

Der bestimmte Artikel | El artículo determinado

Schau dir die Abbildung an und ergänze dann das Schema mit je zwei Nomen deiner Wahl und dem jeweils passenden Artikel.

♂ | ♀

Singular

Plural

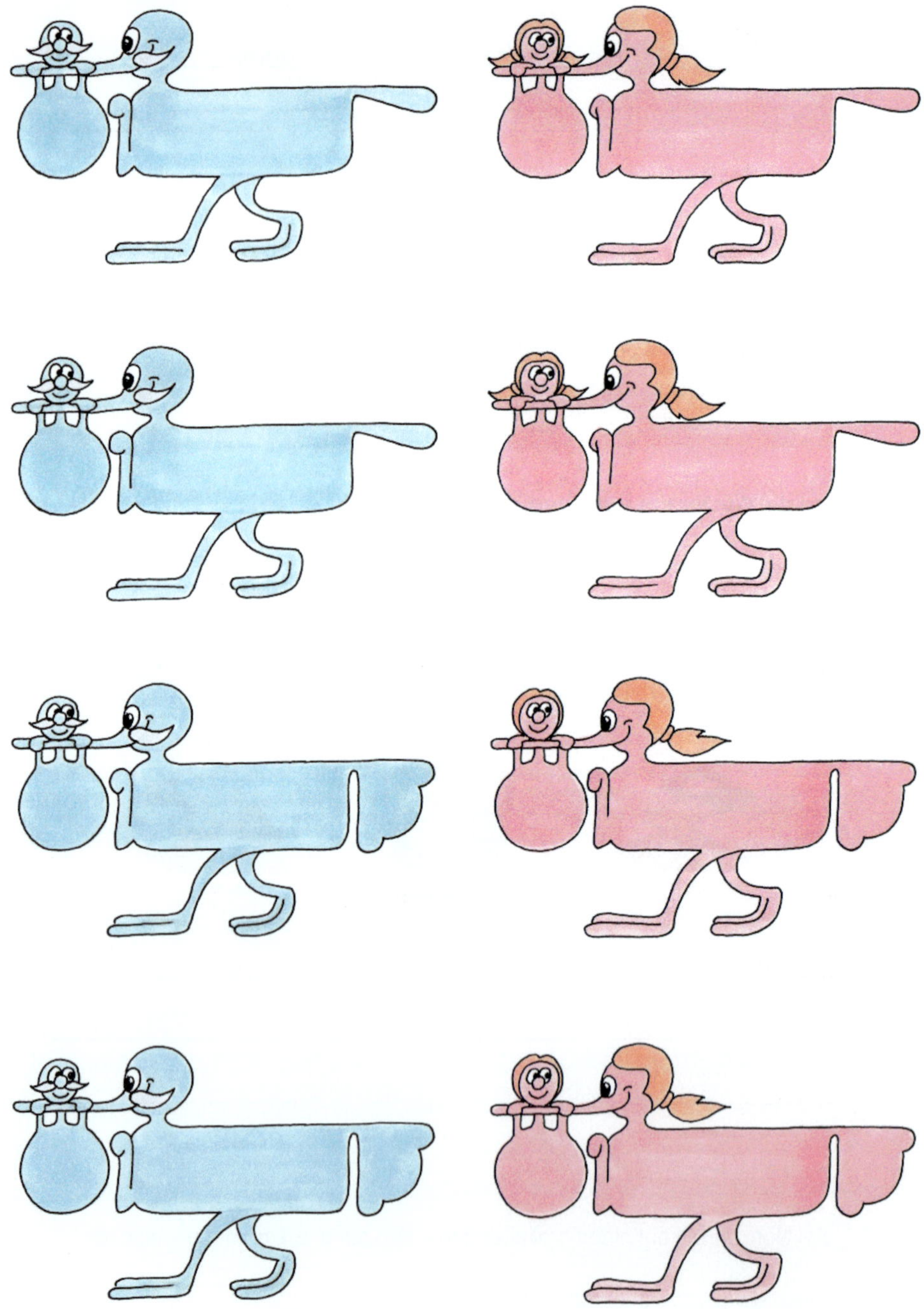

Anders als im Deutschen gibt es im Spanischen nur ______________ Geschlechter:

el chico	der Junge
el libro	das Buch
la profesora	die Lehrerin

! Das Geschlecht der Nomen ist im Deutschen und im Spanischen häufig nicht identisch:

la mochila ⟷ der Rucksack

Finde vier weitere Beispiele:

__________________________ ⟷ __________________________

__________________________ ⟷ __________________________

__________________________ ⟷ __________________________

__________________________ ⟷ __________________________

SB 1 | U 3 Der zusammengezogene Artikel del | El artículo contracto del

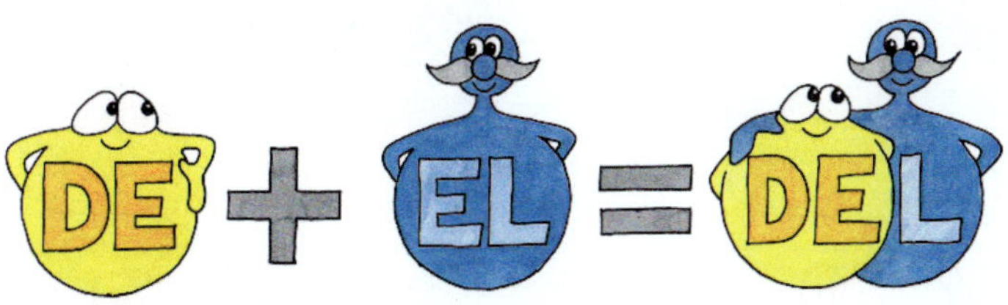

♂	♀
La pelota está debajo ____________ escritorio.	La lámpara está encima ____________________ mesa.
La estantería está al lado ____________ armario.	

Wenn die Präposition **de** und der Artikel **el** aufeinandertreffen, verbinden sie sich zu ____________.

SB 1 | U 5 Der zusammengezogene Artikel al | El artículo contracto al

♂

Elena llega ____________ colegio.

Javi llega ____________ examen.

♀

Esteban llega ____________ plaza.

Wenn die Präposition **a** und der Artikel **el** aufeinandertreffen, verbinden sie sich zu ____________.

SB 1 | U 2 Der unbestimmte Artikel | El artículo indeterminado

Ergänze das Schema mit je einem Nomen deiner Wahl und dem jeweils passenden Artikel.

	♂	♀
Singular		
Plural		

Der unbestimmte Artikel wird in der Regel nur im ________________________ verwendet.

SB 1 | U 3

Die Possessivbegleiter **mi/s**, **tu/s** und **su/s** | Los determinantes posesivos **mi/s**, **tu/s** y **su/s**

ein Besitzer	♂		♀		
[yo]	______	móvil	______	mochila	Singular
[tú]	______	móvil	______	chaqueta	
[él]	su	compañero	su	madre	
[ella]	______	compañero	______	madre	
[yo]	mis	libros	______	cosas	Plural
[tú]	______	libros	tus	cosas	
[él]	sus	libros	______	cosas	
[ella]	______	libros	______	cosas	

Die fehlenden Possessivbegleiter für Besitztümer im Plural kannst du dir selbstständig ableiten. Es funktioniert nach demselben Prinzip wie im Singular.

Die Lösungen für die Singularformen findest du im Text „Elena y sus cosas".

▶▶ SB 1, S. 33

Mit einem Possessivbegleiter drückt man aus, dass ______________________

____.

Mi, ________ und ________ stehen vor männlichen und weiblichen „Besitztümern" im Singular,

Mis ________, ________ und ________ stehen vor männlichen und weiblichen „Besitztümern" im Plural.

Ergänze die Possessivbegleiter.

Übersetze die folgenden Wortgruppen ins Spanische. Was fällt dir auf?

meine Mutter ______________________

mein Vater ______________________

deine Schwester ______________________

dein Bruder ______________________

seine Freundin ______________________

sein Freund ______________________

ihre Freundin ______________________

ihr Freund ______________________

seine Eltern ______________________

ihre Eltern ______________________

Für „mein/e", „dein/e", „sein/e" und „ihr/e" (Sg.) sowie „seine / ihre" (Pl.) gibt es im Spanischen jeweils nur ____________________ Possessivbegleiter.

Übersetze die beiden Sätze.

¿Quién eres **tú**? ______________________________

Soy **tu** amigo. ______________________________

Tú ist ein ________________________________ und heißt ____________.

Tu ist ein ________________________________ und heißt ________________.

SB 1 | U4

Die Possessivbegleiter nuestro, vuestro und sus | Los determinantes posesivos nuestro, vuestro y sus

Drei Possessivbegleiter findest du im Text „Un regalo para Javi". ▶▶ SB 1, S. 44/45. Die anderen Formen kannst du dir sicher selbstständig herleiten.

mehrere Besitzer	♂		♀		
[nosotros/-as]	______	amigo	______	casa	Singular
[vosotros/-as]	vuestro	amigo	vuestra	casa	
[ellos]	su	amigo	su	casa	
[ellas]	______	amigo	______	casa	
[nosotros/-as]	______	deberes	nuestras	cosas	Plural
[vosotros/-as]	______	deberes	______	cosas	
[ellos]	sus	libros	______	cosas	
[ellas]	______	libros	______	cosas	

Für „unsere" (Pl.) und „eure" (Pl.) gibt es im Spanischen jeweils

______________ Possessivbegleiter.

Die Possessivbegleiter nuestro und vuestro haben vier mögliche Endungen. Schau dir die Abbildungen genau an und ergänze dann die anderen Beispiele.

♂		♀		
______	libro	vuestra	profesora	Singular
nuestro	problema	______	idea	
______	libros	______	profesoras	Plural
nuestros	problemas	______	ideas	

Die Endung der Possessivbegleiter **nuestro** und **vuestro** richtet sich nach

Geschlecht und Anzahl des ______________________.

SB 1 | U 9

Die Demonstrativbegleiter **este** und **ese** | Los determinantes demostrativos **este** y **ese**

Vervollständige das Schema.

Du findest alle fehlenden Begleiter – außer die beiden männlichen von ***ese*** *– im Text „La falda verde". ▶▶ SB 1, S. 99. Die beiden fehlenden Formen kannst du dir leicht selbstständig herleiten.*

	♂		♀	
este ______	libro	______	habitación	**Singular**
______	vaqueros	______	gafas	**Plural**
ese ______	libro	______	habitación	**Singular**
______	vaqueros	esas ______	gafas	**Plural**

______________ jersey

______________ jerseys

______________ camisa

______________ camisas

______________ chándal

______________ chándales

______________ gorra

______________ gorras

Die Endung der Demonstrativbegleiter **este** und **ese** richtet sich nach

Geschlecht und Anzahl des folgenden ______________.

Merke:

______________ heute Morgen

______________ heute Nachmittag

esta noche ______________ heute Abend

______________ benutzt man, um auf Dinge in der unmittelbaren Umgebung des *Sprechers* zu verweisen.

______________ benutzt man, um auf Dinge in der Nähe der *angesprochenen Person* zu verweisen.

SB 1 | U 10 Die Begleiter mucho und poco | Los determinantes mucho y poco

	♂		♀
mucho			
______________	azúcar	______________	carne
______________	chistes	______________	vitaminas
poco			
poco ______________	azúcar	poca ______________	carne
______________	chistes	______________	vitaminas

Die fehlenden Formen findest du im Text „¿Qué vamos a comprar?".
▶▶ *SB 1, S. 111*

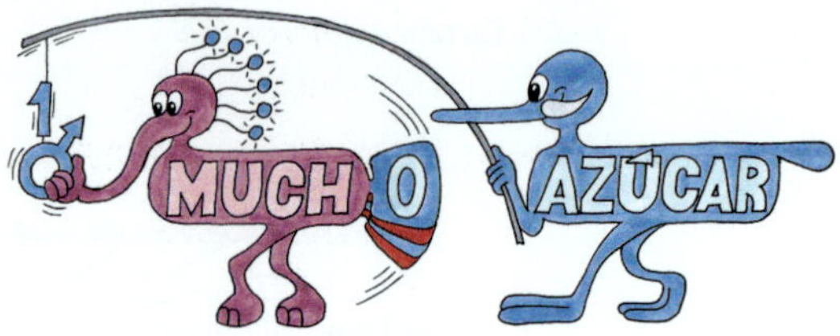

poco	♂		♀
poco ______	azúcar	*poca* ______	leche
______	plátanos	______	piñas
mucho			
______	chocolate	______	ensalada
______	alumnos	______	galletas

Die Endung der Begleiter **mucho** und **poco** richtet sich nach Anzahl und Geschlecht des folgenden ______________________.

Übersetze die beiden Sätze ins Deutsche:

1. **Elena compra muchas uvas.** ______________________

   ____

2. **A Elena le gustan mucho las uvas.** ______________________

   ____

Mucho kann – wie im zweiten Satz – auch Adverb sein. Im Zusammenhang mit dem Verb **gustar** übersetzt man es dann mit ______________.

§ 12 DIE PRONOMEN | LOS PRONOMBRES

SB 1 | U 1 Das Subjektpronomen | El pronombre personal sujeto

____

____

él ______________

____

____

nosotras ________

____

vosotras ________

____

ellas ____________

Du findest die fehlenden Subjektpronomen im Text „Los amigos de Esteban" ▶▶ *SB 1, S. 13*

Ein Subjektpronomen ist ein Personalpronomen. In der 3. Person Singular und Plural kann es ein ____________________ ersetzen.

Übertrage die spanischen Subjektpronomen in die Tabelle auf der folgenden Seite und vergleiche sie mit den deutschen Subjektpronomen.

Markiere die Unterschiede farbig.

In der 3. Person Singular gibt es im Deutschen ________ Pronomen und im Spanischen ________ Pronomen.

Im Plural haben „wir", „ihr" und „sie" im Spanischen je eine männliche und eine ________________ Form.

1ª persona singular 1. Person Singular	________	ich	**1ª persona plural** 1. Person Plural	________	wir
				________	
2ª persona singular 2. Person Singular	________	du	**2ª persona plural** 2. Person Plural	________	ihr
				________	
3ª persona singular 3. Person Singular	________	er	**3ª persona plural** 3. Person Plural	________	sie
		es			
	________	sie		________	

Ergänze die Sprechblasen mit dem jeweils passenden Subjektpronomen.

Bei Gruppen, die **nur** aus weiblichen Personen bestehen, muss immer eine ________________ Pluralform verwendet werden.

Bei Gruppen, die nur aus männlichen oder aus männlichen **und** weiblichen Personen bestehen, muss immer eine ________________ Pluralform verwendet werden.

Meistens verwendest du die spanischen Verben ohne Subjektpronomen. Wenn jedoch unklar ist, wer gemeint ist oder ein Unterschied betont werden soll, sind Subjektpronomen notwendig.

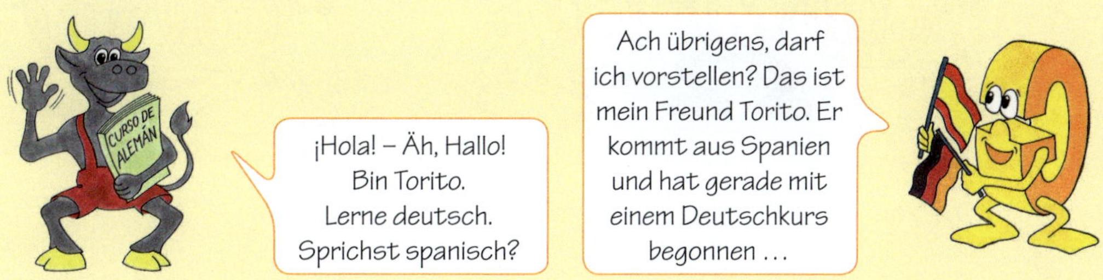

Kommt es dir auch etwas spanisch vor, was Torito da sagt? Wie heißen die Sätze richtig auf Spanisch und Deutsch?

Soy Torito.	Ich ____
____	____
____	____

____ heißt „er" und ist ein ____.

____ heißt „der" und ist ein ____.

SB1|U7 **Die Personalpronomen conmigo und contigo | Los pronombres personales conmigo y contigo**

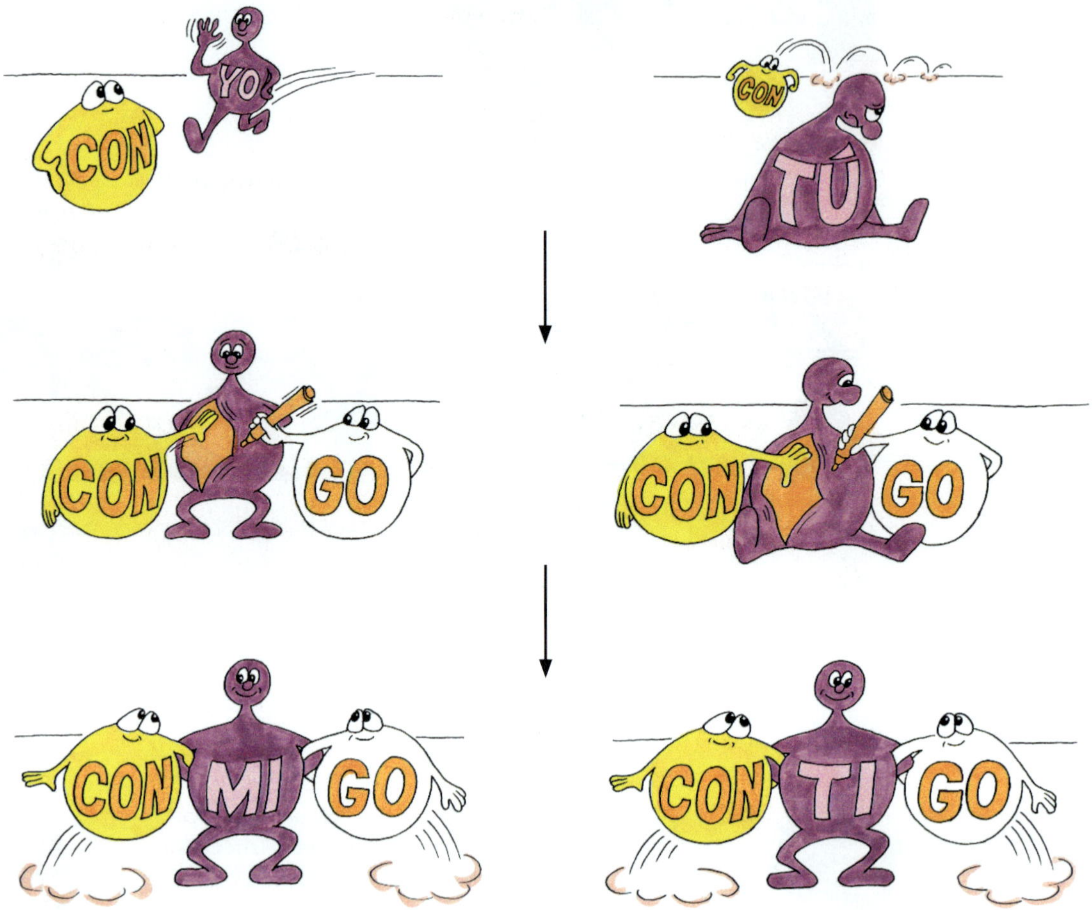

– Oye, ¿vas ________________ al polideportivo? [yo]

– Sí, voy ________________. [tú]

Trifft die Präposition **con** auf das Personalpronomen **yo**,

so wird daraus ______________________________.

Trifft die Präposition **con** auf das Personalpronomen **tú**,

so wird daraus ______________________________.

SB 1 | U 9

Das indirekte Objektpronomen im Singular | El pronombre de complemento indirecto en singular

Welches Objektpronomen gehört zu welchem Subjektpronomen? Schreibe die Pronomen in die Fähnchen und ergänze dann in den Sätzen die passenden Subjektpronomen.

[yo] ¿__________ escribes un mensaje?

[tú] ¿__________ gusta la música española?

[él] Elena __________ cuenta una historia.

[ella] Javi __________ pregunta mucho.

Die indirekten Objektpronomen im Spanischen entsprechen meist den deutschen Dativpronomen. **Me** heißt meistens __________, **te** __________ und **le** kann „ihm" oder __________ heißen.

Übersetze die beiden Sätze ins Spanische. Was fällt dir auf?

„Sage ich ihm die Wahrheit?" „Sage ich ihr die Wahrheit?"

Im Spanischen gibt es in der 3. Person Singular nur ________________ Objektpronomen.

Im Gegensatz zum Deutschen stehen die Objektpronomen immer __________ dem konjugierten Verb.

Elena **me escribe** un mensaje. Elena **schreibt mir** eine Nachricht.

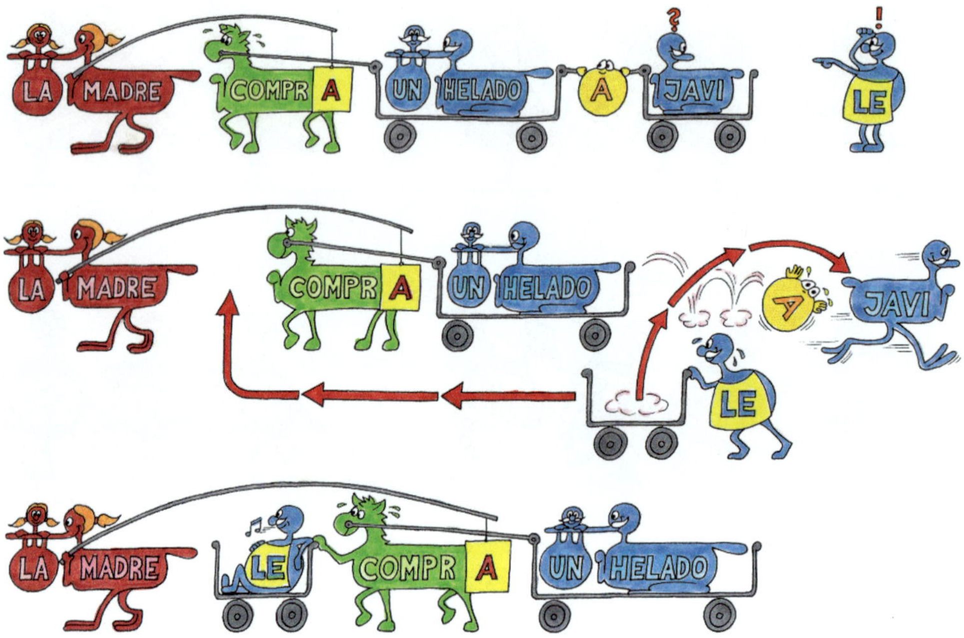

Elena pregunta a su madre. – Elena __________ pregunta.

¿Qué digo a mi amigo? – ¿Qué __________ digo?

Ana está en casa de su abuela.

Ana está en casa de su abuela.

Cuenta muchas historias a su abuela …

Le cuenta muchas historias __________

… y también pregunta mucho a su abuela.

y también __________

Hoy es el cumpleaños de Martín.

Hoy es el cumpleaños de Martín.

Joaquín compra un regalo para Martín

Joaquín __________

y prepara un pastel para Martín.

y __________

Ein indirektes Objektpronomen kann als Stellvertreter für ein indirektes Objekt stehen – insbesondere wenn man Wiederholungen vermeiden möchte.

13 DAS ADJEKTIV | EL ADJETIVO

SB 1 | U 4 Das Adjektiv im Satz | El adjetivo en la frase

Alicante es una ciudad estupenda. — Alicante ist eine tolle Stadt.
Alicante es estupendo. — Alicante ist toll.

Im Spanischen steht das Adjektiv meist ______________________ dem Nomen.

SB 1 | U 4 Die Angleichung des Adjektivs | La concordancia del adjetivo

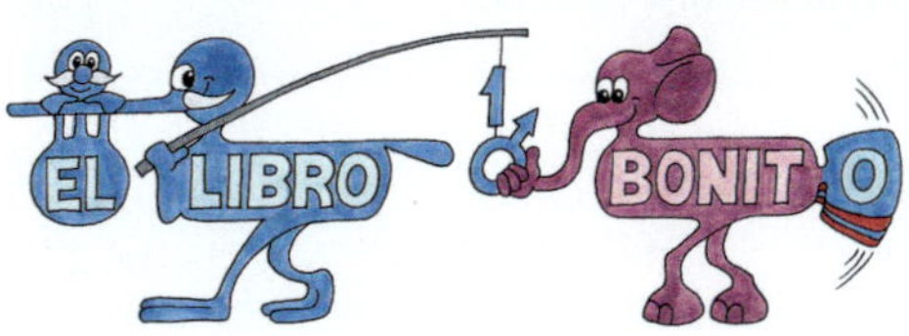

♂		♀	
un chico	divertido	una chica	divertida
un amigo	______________	una chaqueta	______________
chicos	______________	chicas	______________
amigos	estupendos	chaquetas	bonitas

Alle Adjektive, die auf **-o** enden (z. B. bonito), haben auch eine weibliche Endung, nämlich: -______. Welche Endung verwendet wird, richtet sich nach

dem ________________________.

Im Plural wird an die männliche oder weibliche Endung ein -_____ angehängt.

♂		♀	
un libro	interesante	una película	interesante
libros	interesantes	películas	______
un examen	difícil	una profesora	genial
exámenes	______	profesoras	______

Adjektive, die auf **-e** oder Konsonant enden, sind im Singular in der männlichen und weiblichen Form gleich.

Bei der Pluralbildung wird bei Adjektiven auf **-e** ein -______ angehängt und bei den Adjektiven auf Konsonant -______.

Es gibt einige wenige Adjektive, die zwar auf einem Konsonanten enden, aber trotzdem eine weibliche Form im Singular und Plural haben:

- **español / española / españoles / españolas**
- **alemán / alemana / alemanes / alemanas**
- **parlanchín / parlanchina / parlanchines / parlanchinas**[1]

1 parlanchín/a *adj.* *geschwätzig* (▸▸ SB1 / U8)

Zusammenfassung:

Adjektive auf -o		**Adjektive auf -e**		**Adjektive auf Konsonant**	
un barrio	bonito	un libro	interesante	un examen	difícil
barrios	______	libros	______	exámenes	______
una calle	______	una ciudad	______	una clase	______
calles	______	ciudades	______	clases	______

Bei allen Adjektiven, die auf den Vokalen **-a**, **-o** oder **-e** enden, wird im Plural ein -_____ angehängt.

14 DAS ADVERB UND DIE ADVERBIALEN BESTIMMUNGEN | EL ADVERBIO Y LOS DETERMINANTES ADVERBIALES

SB 1 | U 7 Die Uhrzeit | La hora

Trage die richtigen Uhrzeiten ein

1. Son las siete y ____________________

2. ____________________

3. ____________________

4. ____________________

5. ____________________

6. ____________________

7. ____________________

8. ____________________

Du findest die Uhrzeiten in der Reihenfolge der Dialoge im Text „¿Qué hora es?".
▶▶ SB 1, S. 76/77

Auf Spanisch sagt man nachmittags / abends nicht 16, 17, 18 ... Uhr, sondern nur 4, 5, 6 ... Uhr.

Es la una / **Son las** dos …

en punto ____________

… **menos** cinco — … **y** cinco

… **menos** diez — … **y** diez

____________  ____________

… **menos** veinte — … **y** veinte

… **menos** veinticinco — … **y** veinticinco

____

Anders als im Deutschen steht im Spanischen das Verb „sein" bei der Angabe der Uhrzeit im Plural.

Eine Ausnahme bildet ____________ Uhr. Hier steht auch im Spanischen das Verb „sein" im Singular.

Es ist ein Uhr. ____________

Es ist zwei Uhr. ____________

Anders als im Deutschen wird nicht schon ab „halb" rückwärts gezählt, sondern erst ab „fünf nach halb".

Es ist halb vier. ____________

____________.

Es ist fünf nach halb vier. ____________

____________.

SB 1 | U8

Die Zeitangaben | Los indicadores temporales

Finde die spanische Entsprechung zu den folgenden Zeitangaben.

am Samstag	– ¿Vamos el sábado ______ al cine?
samstags	– No, ______ voy a clase de baile.
morgens	______ siempre estoy cansado.
vormittags	______ tenemos cinco horas de clase.
nachmittags	______ voy a la piscina.
zur Abendessenszeit	______ estoy en casa.
abends	______ veo la tele.
in der Woche	______ tenemos cinco horas de Español.
von acht bis ein Uhr	______ las ocho ______ la una estoy en el colegio.

Du findest die meisten Wendungen im Resumen de gramática von Unidad 8

▶▶ SB 1, S. 94

Mengenangaben | Cantidades

Ergänze die passenden Mengenangaben.

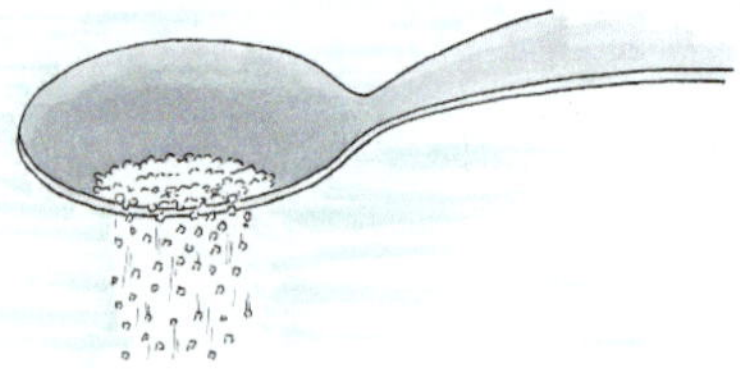

1. un poco de azúcar

2. ______________________ cacao

3. ______________________ zumo

4. ______________________ leche

5. ______________________ agua

6. ______________________ chocolate

7. ______________________ arroz

8. ______________________ manzanas

Du findest alle Mengenangaben im Resúmen de gramática von Unidad 10.
▶▶ *SB 1, S. 116*

9. ______________________ melocotones

10. ______________________ horchata

Mengenangaben werden im Spanischen mit der Präposition ____________ angeschlossen.

Mengenangaben mit **medio** stehen ohne Artikel.

§ 15 DIE PRÄPOSITIONEN UND KONJUNKTIONEN | LAS PREPOSICIONES Y CONJUNCIONES

SB 1 | U 3 Die Präposition de | La preposición de

Übersetze die Sätze und markiere die unterschiedlichen Übersetzungen von de farbig.

Lisa es **de** Berlín.

____

____

David es el hermano **de** Lisa.

____

____

Die Präposition **de** kann mehrere Bedeutungen haben.

In Verbindung mit einem Ort, wird **de** mit ______________ übersetzt.

Wenn man sagen will, dass etwas / jemand zu jemandem gehört,

wird **de** mit ______________ übersetzt.

SB 1 | U 4 Die Konjunktion porque | La conjunción porque

Porque es bonito.

__________________________ cumpleaños de Pía.

________________________________ interesante.

Die Konjunktion **porque** leitet eine Begründung ein und bedeutet

______________.

SB 1 | U 5

Die Präposition **a** bei direktem Objekt | La preposición **a** con complemento directo

Schau dir die Abbildungen genau an und ergänze dann die Anschlüsse in den Sätzen.

Los amigos quieren ver una película ______________ (una película).

Denke auch hier daran, dass **a** und **el** immer zu **al** verschmelzen!

Du findest die Verben mit den jeweils richtigen Anschlüssen im Text «En la fiesta». ▶▶ *SB 1, S. 55*

Elena y Sarah quieren saludar ______________________________ (su amigo).

La madre mira ______________________________________ (el chico y la tía).

Das direkte Objekt wird direkt an das Verb angeschlossen und ist vergleichbar mit dem Akkusativobjekt. Wenn das direkte Objekt eine ______________________ ist, muss davor die Präposition **a** stehen.

SB 1 | U 8

Die Konjunktion **y** | La conjunción **y**

Y oder e?

Las asignaturas favoritas de Pablo son Inglés _____ Geografía.

Las asignaturas favoritas de María son Inglés _____ Historia.

Elena es traviesa _____ inteligente.

Vor Wörtern, die mit _____ oder _____ beginnen, wird die Konjunktion **y** zu **e**.

§ 16 DIE FRAGEWÖRTER | LOS PRONOMBRES INTERROGATIVOS

SB 1 | U 1 Die Fragewörter ¿quién?, ¿cómo?, ¿de dónde? | Los pronombres interrogativos ¿quién?, ¿cómo?, ¿de dónde?

1. – Es un chico de mi colegio.
2. – Se llama Tomás.
3. – Es de Madrid.

Alle spanischen Fragewörter tragen einen ______________________.

SB 1 | U 2 Die Fragewörter ¿qué?, ¿dónde?, ¿quiénes? | Los pronombres interrogativos ¿qué?, ¿dónde?, ¿quiénes?

Ergänze die Dialoge mit den drei Fragewörtern.

1. – ¿______________ aprendes?
   – Baile español.
2. – ¿Y ______________?
   – En la academia de baile.
3. – ¿Y ______________ son ellas?
   – Son las profesoras de baile.

Anders als im Deutschen hat das Fragepronomen **¿quién?** eine Pluralform: ¿______________?.

¿______________ es el chico? Wer ist der Junge?

¿______________ son los chicos? Wer sind die Jungen?

Die Pluralform verwendet man, wenn nach ______________ Personen gefragt wird.

SB 1 | U 4 Das Fragewort ¿por qué? | El pronombre interrogativo ¿por qué?

Ergänze mit ¿por qué? bzw. porque.

¿__________________ Andrés está en la cocina? __________________ prepara un pastel de cumpleaños.

Achte auf die unterschiedliche Schreibung von **¿por qué?** und **porque**.

¿__________________? ist ein Fragewort und heißt „**warum**".

__________________ ist eine Konjunktion und heißt „**weil**".

SB 1 | U 7 Die Fragewörter ¿adónde? und ¿cuándo? | Los pronombres interrogativos ¿adónde? y ¿cuándo?

Ergänze die Dialoge mit den beiden Fragewörtern.

– ¿__________________ vas?
– Voy al polideportivo.

– ¿Y __________________ vuelves a casa?
– Por la noche, a la hora de cenar.

Diese beiden Fragewörter haben keine Besonderheiten. Achte aber auch hier auf den Akzent!

SB 1 | U 8

Das Fragewort ¿cuánto? | El pronombre interrogativo ¿cuánto?

Schau dir die Abbildung an und ergänze in den Sätzen die richtigen Formen von ¿cuánto?.

♂

1. ¿________________ tiempo necesitas para preparar los sándwiches? **Singular**
2. ¿________________ pasteles preparamos para el cumpleaños de Ana? **Plural**

♀

3. ¿________________ horchata quieres tomar? **Singular**
4. ¿________________ naranjas necesitamos para la macedonia? **Plural**

Das Fragewort **¿cuánto?** hat __________ verschiedene Formen.

Welche Form man verwenden muss, richtet sich nach Anzahl und Geschlecht

des ____________________, das dahinter steht.

Wiederhole nun noch einmal alle Fragewörter, die du schon kennst und ergänze sie in den Dialogen.

– ¿________________ es esta chica?
– Es María.

– ¿________________ se llama tu padre?
– Se llama Juan.

– ¿________________ es Esteban?
– Es de Costa Rica.

– ¿________________ quieres hacer?
– Quiero mirar una película.

– ¿________________ viven Elena, Sarah y sus amigos?
– Viven en Alicante.

– ¿________________ son estos chicos?
– Son Esteban y Javi.

– ¿________________ Sarah hoy no está en el colegio?
– Porque no está bien.

– ¿________________ va Javi?
– Va al estadio.

– ¿________________ llegan los chicos a casa?
– Por la tarde.

– ¿________________ hermanos tiene Esteban?
– Tiene dos hermanas.

Denke an die Akzente!

17 DIE VERNEINUNG | LA NEGACIÓN

SB 1 | U 3 Die Verneinung mit no | La negación con no

Übersetze.

Sprichst du deutsch? Nein. ______________________________

Ist Saft da? ______________________________

Verneine die folgenden Fragen und übersetze die Sätze ins Deutsche. Markiere die unterschiedlichen Übersetzungen von no farbig.

1. ¿Tienes tiempo? No. ______________________________.

   Hast du Zeit? Nein. ______________________________.

2. ¿Quieres ir al cine? ______________________________.

   Möchtest du ins Kino gehen? ______________________________

   ______________________________.

No hat im Spanischen zwei Bedeutungen.

Wenn **no** allein auftritt bzw. mit einem Komma vom Hauptsatz getrennt ist,

übersetzt man es mit ____________________.

Steht es vor dem konjugierten Verb, übersetzt man es mit

____________________ oder ____________________.

SB 1 | U 11

Die Verneinung mit no … nada / nadie / nunca | La negación con no … nada / nadie / nunca

Schau dir die Abbildung genau an und vervollständige die Sätze mit no … nada / nadie / nunca

1. Pía ve siempre la tele.

2. Tomás _no_ ve __________ la tele.

3. José come mucho.

4. Ana ______ come casi __________.

5. En esta calle hay mucha gente.

6. En esta calle ______ hay __________.

Bei der Verneinung mit **no** … **nada / nadie / nunca** steht ________ vor dem konjugierten Verb.

__________, __________ bzw. __________ stehen dahinter.

So übersetzt man **no** … **nada / nadie / nunca** :

no … nada ______________________

no … nadie ______________________

no … nunca ______________________

18 DER SATZ | LA FRASE

SB 1 | U 1 Der Fragesatz | La frase interrogativa

Ein spanischer Fragesatz wird immer von zwei ____________________ eingerahmt. Das erste davon steht auf dem Kopf. Dieses befindet sich immer am Anfang der *eigentlichen* Frage. Das heißt, wenn das Fragewort erst mitten im Satz auftaucht, steht das umgekehrte Fragezeichen direkt davor:

Y tú, ¿cómo te llamas?

! Fragewörter haben im Spanischen immer einen Akzent!

Übersetze die Beispiele.

Paco habla alemán. ______________________________.

¿Paco habla alemán? ______________________________?

Elena es de Alicante. ______________________________.

¿Elena es de Alicante? ______________________________?

Anders als im Deutschen kann im Spanischen der Satzbau bei Fragen ohne Fragewörter genauso wie in einem Aussagesatz sein.

SB 1 | U 4 Die Satzstellung in Nebensätzen | El orden de las frases subordinadas

Übersetze die Nebensätze und unterstreiche jeweils das konjugierte Verb.

1. Elena necesita un regalo **porque** tiene una invitación para el cumpleaños de Sarah.

   Elena braucht ein Geschenk, ______________________________

   ______________________________.

2. La familia de Sarah vive en Alicante **porque** es una ciudad estupenda.

   Sarahs Familie lebt in Alicante, ______________________________.

3. Javi compra muchos libros **porque** leer es su actividad favorita.

   Javi kauft viele Bücher, ______________________________

   ______________________________.

In Nebensätzen steht im Spanischen das konjugierte Verb direkt nach der Konjunktion ____________ oder aber an zweiter Stelle.
Im Deutschen steht das Verb immer am ____________ des Nebensatzes.

SB 1 | U 10 Relativsätze mit que | Frases relativas con que

Schau dir die Satzbilder an und füge die folgenden Sätze zu Relativsätzen zusammen.

1. La lechuga y el tomate son verduras. La lechuga y el tomate tienen muchas vitaminas.

   La lechuga y el tomate son verduras

2. Javi lee un libro. El libro es muy interesante.

   Javie lee un libro

3. Sarah escribe a su tía. Su tía vive en Hamburgo.

   Sarah escribe a su tía

Ein Relativsatz gibt nähere Informationen zu einer Person oder Sache aus dem Hauptsatz. Um diese Person oder Sache nicht zweimal zu nennen, wird sie im Nebensatz von dem Relativpronomen ________________ „vertreten".

Das spanische Relativpronomen **que** kann sowohl das Subjekt als auch das Objekt ersetzen. Das ist im Deutschen genauso.

Im Spanischen ist **que** unveränderlich. Das ist im Deutschen anders.
Übersetze die Sätze und unterstreiche jeweils das deutsche Relativpronomen.

que als Subjekt

Paco es un chico que lee mucho.

Paco ist ein Junge,

Tecnología es una asignatura que no hay en Alemania.

Technologie ist ein Schulfach,

La naranja y la piña son frutas que tienen muchas vitaminas.

Orange und Ananas sind Früchte,

que als Objekt

Mari escribe a su abuelo que vive en Madrid.

Marie schreibt ihrem Großvater,

Pedro llama a Jorge que está en Berlín.

Pedro ruft Jorge an,

Im Relativsatz steht im Spanischen das Verb an zweiter Stelle, im Deutschen steht es an ________________ Stelle.

ÜBERSICHT NACH LEKTIONEN

Hier findest du alle grammatischen Themen aus diesem Arbeitsheft in der Reihenfolge, in der sie im Lehrbuch **¡Apúntate! 1** behandelt werden.

INDEX | Índice